道徳科授業サポートBOOKS

多面的・多角的思考を促す

道徳教材発問大全集

永田繁雄 編著

はじめに
しなやかな道徳授業をつくろう

「子どもが夢中になって，その気になる道徳授業をつくりたい」
「様々な発問を織り交ぜながら，道徳授業をすすめてみたい」
「これからの時代に生きる追求型の道徳授業をつくってみたい」

……私たちは，日々，様々な姿を見せる子どもたちに向き合いながら，毎週の道徳授業に対して，そんな願いをもっています。

「特別の教科」である道徳科になって，小学校段階では平成30年に教科書使用が始まり，はや数年が経ちました。道徳授業がややもすると硬直化しているのではと言われる中，道徳科はその授業改善への大きな期待を担って登場したのです。しかし，その中で聞こえてくるのは次のような声です。

「教科書にはよい教材があるのに，いつも同じ授業になってしまう」
「子どもは先の答えまで見とおしてしまって，授業にのってこない」
「ありきたりの授業をどのように改善していけばよいのかわからない」

道徳授業は子どもの追求力を信じてそれを生かす教育です。私たちは何を手掛かりとしてこのような授業の改善に向かえばよいのでしょうか。

そのための切り札の１つが，本書のタイトルにもある「多面的・多角的思考」です。道徳科の目標にはじめて示された「多面的・多角的」という言葉には，次のような願いが託されていると考えます。

○道徳授業を，一面的なステレオタイプのものだけにしたくない。
○子どもの多様な考えが行き交い，一層みがき合える授業をつくりたい。
○発問の発想がしなやかになれば，授業もしなやかに変わっていく。

このように，授業を様々な形でひらいていく構えこそ，今，重要です。

ところで，ここでの「多面的」と「多角的」はほとんど同じだとしばしば言われます。しかし，それならば両方を「・」でつなぐ必要はありません。

それらをあえて区分して考えることで，道徳授業の発想の道幅が広がり，授業の可能性も広がります。そして，その地平線の先には，子どもたちの生きる未来がいっそう多彩に見えるようになっていくのです。

子どもたちは，見えにくい未来に向けて１日ずつを歩みます。私たちは，その足取りを力強く応援していくためにも，多様で，しかも芯の通ったしなやかな発問の発想力を携えて授業に向き合っていきたいものです。

なお，本書は，「多面的・多角的思考」に関して，編者が以前より示している「発問の立ち位置・４区分」という考え方をベースにして編集されています。多様な発問の例示は，その区分に基づいて，文字どおり多彩に示すようにしていただいています。もちろん，授業づくりはこの「４区分」の考えだけが先行するものでは決してありません。それこそ多様な受け止めが必要です。しかし，それでも，この「４区分」を発問を発想する下地の１つに加えてみると，子どもの視点に立った問題追求の授業が様々に着想でき，アレンジされていくことの手応えを強く感じています。

また，本書で発問例や事例を整理してくださった各先生は，それぞれに道徳授業が大好きな研究的実践家で，得意とする考え方や意図によって発問例を生み授業展開を構想しています。しかし，各学級で子どもに実際に向き合う先生方は，これを授業づくりの重要な手掛かりとしつつも，さらに子どもの状況を踏まえた工夫を重ねていただければと期待しています。

本書の各ページの発問例などによって，先生方の道徳授業の発問の発想がいっそうしなやかなものとなり，子どものための追求型授業，議論型授業の多彩な展開が生み出されることを願ってやみません。

2024年５月　永田　繁雄

目 次 Contents

中学年

高 学 年

1章

多面的・多角的思考を促す発問とは

多面的・多角的思考で
「考え，議論する授業」をつくる

「多面的・多角的に考える」……私たちが道徳授業にかかわってこの言葉に最初に触れたのは，平成最後の学習指導要領の改訂で道徳科が正式に位置付けられたときでした。その目標の中に次の言葉が示されたからです。

「物事を多面的・多角的に考え，自己の生き方についての考えを深める」

このとき，「多面的・多角的」という用語が，新しい授業の中心的なイメージの1つになりました。そして，その言葉に託されたのは「考え，議論する道徳」へと授業の一層の「質的改善」を図ることでした。では，多面的・多角的思考が生きる「考え，議論する道徳」の実現には，どのような構えが大事になるのでしょうか。それは，大きく次の3点から考えることができます。

／「誘導する」授業から「追求する」授業へと変えていく／

その第1は，授業自体を，教師中心の「誘導型授業」以上に，子どもによる「追求型授業」を大事にしてその発想を重ねていくことです。

「誘導する」の主語は教師です。「追求する」の主語は子どもです。私たちは今まで以上に子どもの視野を意識する必要があります。しかも，「考え，議論する」という場合，「考える」のも「議論する」のも子どもです。子ども目線に立つ授業づくりが，今，特に求められることがわかります。

確かに，授業は1時間で1主題に向き合うことが多く，私たちはその中でねらいにまで引き込もうと，教師の誘導に力の入った授業を行いがちです。ねらいの達成が授業の重要な眼目でもあり，教師誘導的な性格はもちろんあります。しかし，子どもの追求の視点を大事にすることによって，授業は子どもにとって魅力と学びがいのあるスタイルへと変わっていきます。

多面的・多角的思考は，その授業づくりの重要なカギとなります。

／問い続ける子どもに「伴走者」のポジションで応援する／

その第２は，教師が「伴走者」のポジションを大事にすることです。

授業において，教師は「先導者」的な役割をもち，特に導入段階ではその面が強くなります。しかし，展開段階などで子どもにハンドルをもたせ，教師が「伴走者」に徹する時間をしっかりと確保することで，子どもの自ら運転する力（＝学ぶ力）が，将来への生きる力につなげられていきます。

「伴走者」のポジションに立つ教師は，子どもの運転技能を高める助言や，運転のヒントとなる地図を渡す支援などをします。また，子どもどうしの効果的な議論がわき起こるように仕掛けていきます。このような「支援」と「仕掛け」の工夫が「伴走者」の重要な役割になります。

多面的・多角的思考は，その際の多様なルートを見出す力になります。

／「しなやかな発問」を生かして多様な授業をつくりだす／

その第３は，私たち教師の習慣的な思い込みから硬直化しがちな発問を，多彩な発想によって「しなやかな発問」に変えていくことです。

発問を発想する際には，私たちが主題や教材への向き合い方に様々な切り口をもつ必要があります。例えば，次の点が考えられます。

◇**「場面発問」と「テーマ発問」を生かし合う**……場面に着眼する発問（主として「場面発問」）だけでなく，テーマ（主題）を見据えた発問（主として「テーマ発問」）を区分して考える。

◇**発問の大きさに着眼して相互に生かし合う**……発問の大きさを意識して，例えば，次のように「小さな発問」から「大きな発問」を区分する。

［場面を問う］～［人物を問う］～［教材の世界を問う］～［価値を問う］

多面的・多角的思考は，発問の切り口をこのように多様にもつことで，その世界を大きく広げていくことができます。

「多面的思考」と「多角的思考」を区別する

では，「多面的思考」と「多角的思考」はどのように捉えられるのでしょうか。この言葉が道徳科の目標に示されると，次の声がよく聞かれました。

「多面的に考えることと多角的に考えることとは，どう違うのですか」

「なぜ，似た言葉が並んでいるのですか」

それらは，いずれも多様な見方があることを前提としています。しかし，他にも「・」でつながれた言葉に「資質・能力」「見方・考え方」などがあるように，この左右の言葉は，本来，相互に独立した意味をもちつつ一体的なものとして受け止められます。また，各教科の学習指導要領では，小学校社会科では「多角的」が14回，算数科では７回，理科では９回，「多面的」のみ用いられています。道徳科はその両者を「多面的・多角的」という表現であえてセットで用いているのが特徴です。そのことからも，この両者の違いとその組み合わせたときの意味を丁寧にひも解くことが必要です。

／「多面的思考」と「多角的思考」を区分する試み／

そこで，ここではまず，この２つの違いに着眼してみます。各教科での用語の使われ方も参考にしながら２つの思考を対比的に整理するならば，およそ次のような理解を基本として押さえることができます。

◎**多面的思考**……主に多様な「側面」に着眼する思考で，多面体を様々な観点から見て，その違いを生かして全体像を理解しようとする見方など。

◎**多角的思考**……異なる「立場」や意見を受け止めて生かし合う思考，また，それらを基に議論して，さらなる考えを生み出そうとする見方など。

この２つのイメージを図に表すとどうなるでしょうか。

図１はその試みの１つで，「多面的思考」は，多面体を多様な側面から見える違いを生かし合う思考，「多角的思考」は多角形の各方角を見据えて考えを鮮明にし合う議論型思考だといえます。

「多面的」に見る思考
…主に違いを認め合う深化

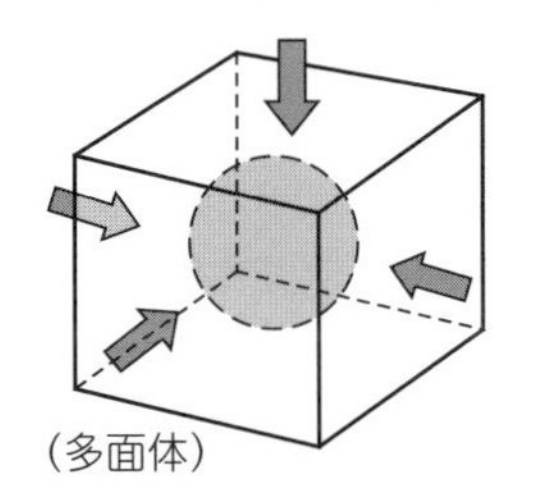

「多角的」に見る思考
…主に対比し選択する議論

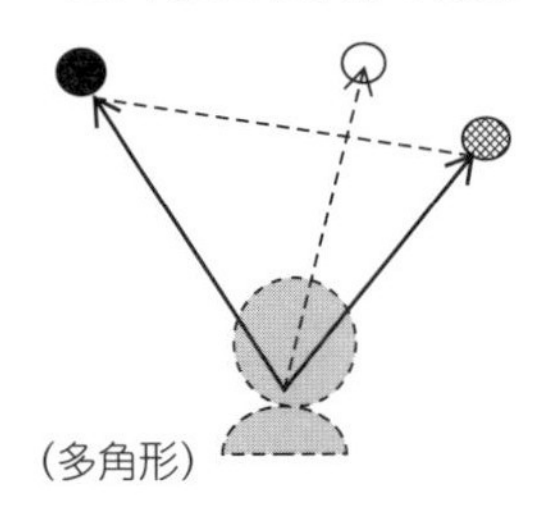

図１　「多面的思考」と「多角的思考」のイメージ図（例）

「多面的思考」と「多角的思考」のモデル的区分（１つの見方）

筆者は，今まで，この２つの思考を整理してみたことがあります。それらを集約して整理したのが表１です。なお，最下段は，それをアンテナのモデルとして，受信（受け止め）と発信（主張）に分けてみたものです。

もちろん，これらの中には明確に分けられないものもあります。しかし，このような区分によって，その道幅と発問発想の幅が広がり，その両方を生かし合うことで，授業づくりの可能性を広げていくことができるのです。

表１　「多面的思考」と「多角的思考」のモデル的区分（考え方の例）

	多面的思考	多角的思考
思考の主な性格	**多様な「側面」（観点）から見る** ・全体像のもつ「多面性」に着眼 ・外側の面からの見え方の重視	**異なる「立場」（視点）に立つ** ・様々な立場の「多角性」に着眼 ・当事者意識をもった考えの重視
学習の主な方向性	◇主人公のもつ多様な心情や考えを明らかにする ◇お話での行為の意味，原因，理由などを明らかにする	◇様々な立場に学び，よりよい考えを見据える ◇自分らしい考えを選択し浮き彫りにしていく
主に生かす発問の例	「○○はどんな気持ちや考えか」 「○○は何（なぜ）だろう」など	「自分ならどうする（考える）」 「この○○をどう思うか」など
学習での表われ方	**「みとめあい」が生きる話合い** 多様な違いを受け止め合う	**「みがきあい」が生きる話合い** 違いを生かして議論する
アンテナのモデル	多方面から受信する （主に理解し，受容する）	意図する方角へ発信する （主に選択し，主張する）

「発問の立ち位置・４区分」を発想して生かす

そこで，このような考えの対比を生かして，多様な視点に立って発問を発想できるようにしたい。その願いから整理されたのが「発問の立ち位置・4区分」です。これは筆者が発想したものであって，オーソライズされたものではありません。したがって，多様な発問を生む手掛かりとして生かしつつも，フレキシブルに受け止めていただけたらと思います。

なお，この「４区分」は次のような考えに基づいて構成され，また，それを授業展開の発想に生かすことができると考えています。

／「多面的思考」と「多角的思考」を縦軸にして生みだす４区分／

まず，主人公などの心情や行為などを受け止め，「どんな気持ちだろう」「それは何だろう・なぜだろう」などと多様な側面から多面的に明らかにする共感的・分析的な発問群があります。それは図２の上段に位置付きます。

一方で，主人公などの立場に自分を映し出したり，抜き差しならない自分の問題として考えたりして，「自分が主人公ならばどう考える」「お話や主人公をどう思うか」などと想像し，検討し，選択する投影的・批判的な発問群があります。それは，図２の下段がおよそ当てはまります。

こうして，お話のストーリーや事実に重ねて考えるか，自分のこととして自由に考えるかという違いから，「多面的思考」と「多角的思考」を上下に配置した縦軸が生まれます。さらに，それを，お話や主人公に重ねるか，それとも客観的にみるかによって，横軸が生まれます。

これらの２つの軸をクロスさせて生まれた４つの象限が，次ページの図２に整理された「発問の立ち位置・４区分」と呼んでいるものです。

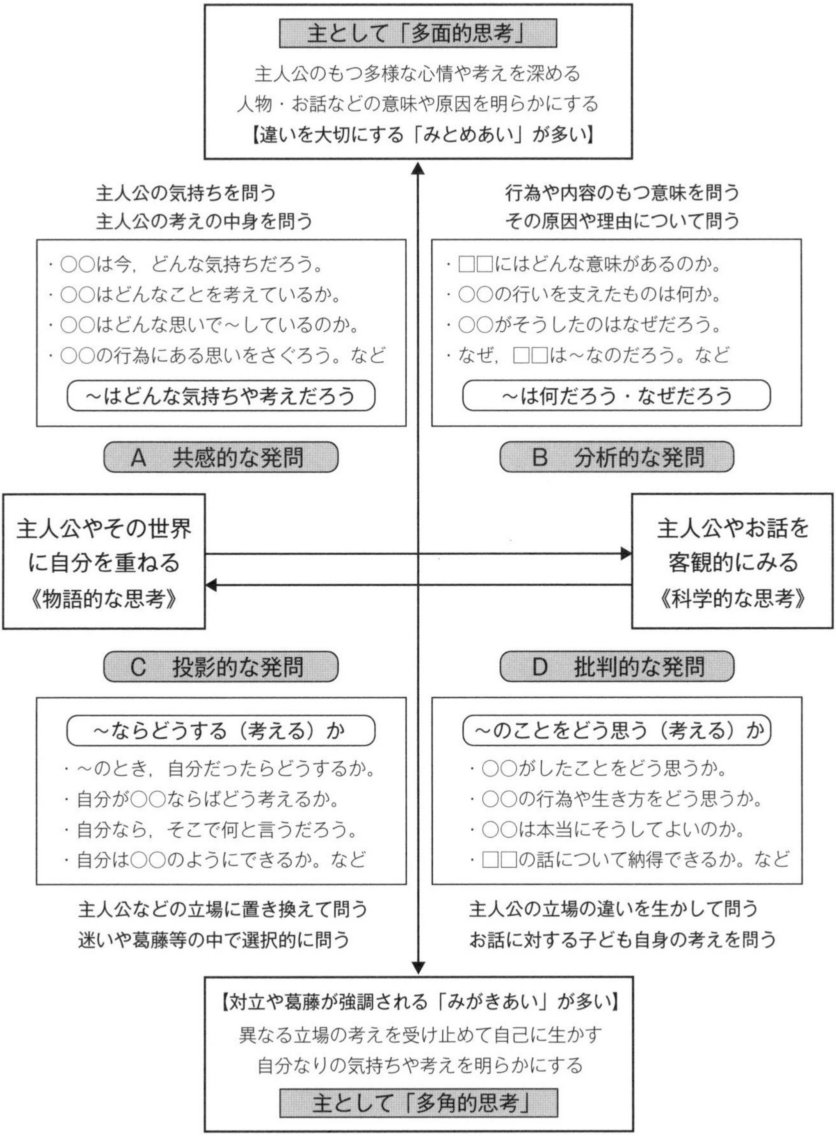

主として「多面的思考」

主人公のもつ多様な心情や考えを深める

人物・お話などの意味や原因を明らかにする

【違いを大切にする「みとめあい」が多い】

主人公の気持ちを問う

主人公の考えの中身を問う

・○○は今，どんな気持ちだろう。
・○○はどんなことを考えているか。
・○○はどんな思いで～しているのか。
・○○の行為にある思いをさぐろう。など

～はどんな気持ちや考えだろう

A　共感的な発問

行為や内容のもつ意味を問う

その原因や理由について問う

・□□にはどんな意味があるのか。
・○○の行いを支えたものは何か。
・○○がそうしたのはなぜだろう。
・なぜ，□□は～なのだろう。など

～は何だろう・なぜだろう

B　分析的な発問

主人公やその世界に自分を重ねる《物語的な思考》

主人公やお話を客観的にみる《科学的な思考》

C　投影的な発問

～ならどうする（考える）か

・～のとき，自分だったらどうするか。
・自分が○○ならばどう考えるか。
・自分なら，そこで何と言うだろう。
・自分は○○のようにできるか。など

主人公などの立場に置き換えて問う

迷いや葛藤等の中で選択的に問う

D　批判的な発問

～のことをどう思う（考える）か

・○○がしたことをどう思うか。
・○○の行為や生き方をどう思うか。
・○○は本当にそうしてよいのか。
・□□の話について納得できるか。など

主人公の立場の違いを生かして問う

お話に対する子ども自身の考えを問う

【対立や葛藤が強調される「みがきあい」が多い】

異なる立場の考えを受け止めて自己に生かす

自分なりの気持ちや考えを明らかにする

主として「多角的思考」

※図内に示す発問は，多様な発想のための例示です。参考例としてご覧ください。

〔○○：人物等，□□：お話・価値・内容等〕

図２　「発問の立ち位置・４区分」と多面的・多角的思考（考え方の例）

╱左右に対置する「物語的な思考」と「科学的な思考」╱

図２において，横軸の左右の両側はどんな意味をもつのでしょうか。

まず，図の左側は，子どもがストーリーの中に入り込んで考える，いわば「物語的な思考」であるといえます。この思考は主人公の立場で思いを語り合うなど，情感豊かな話合いが多くなりそうです。

一方，横軸の右側は，お話や主人公を外側から客観的に考える，いわば「科学的な思考」であるといえます。そこでは，原因，理由や意味を冷静に分析したり，お話や主人公の行為に対して自分の賛否，選択結果を表明したりするなど，多くの場合，強い自己主張が表われます。

この２つの思考のうちで，私たちは長く，主人公への共感を通して，場面ごとの気持ちを追い続ける左側の発問になじむ傾向が強くありました。しかし，これらを効果的に生かし合うことが，今，求められているのです。

╱４つの象限のそれぞれの発問群とそのもつ意味╱

ここで生まれた４象限の「立ち位置」のそれぞれの発問群は，およそ次のような意味や留意点を意識して生かすようにします。

A　**共感的な発問**…多面的で物語的な思考を促す発問群。主人公等の気持ちや考えを問うことが中心で，国語科での心情理解の性格が強く表われます。多用することで，時に「主人公の言葉を各駅停車のように問い続ける」という「小さな国語」の状態に陥りがちなことに留意します。

B　**分析的な発問**…多面的で科学的・客観的な思考を促す発問群。主人公等の行為やお話の内容の意味，変化や違いの理由，背景や支えとなるものなどを問います。これのみ繰り返し続けると，哲学的な思考が深まる半面，重い話し合いに入り込みがちなことに留意します。

C　**投影的な発問**…多角的で物語的な「自分事」の思考を促す発問群。自ら主人公等に身を置き換えて，自分ならどう考え，どうするかについて考えを深めます。ストーリーに即した考えとは異なる自分の思いなども表明することができる自由度が高い発問であるよさを大事にします。

D　**批判的な発問**…多角的で科学的・客観的な思考を促す発問群。この発問は，お話へのマイナスの批判を繰り返す以上に，子どもが意見を構築するプラス志向の建設的な問いであることを大切にします。また，この問いを無造作に使い続けると，評論家的な見方ばかりに陥る面もあることに留意します。

／「４区分」の発問以外の発想も生かすようにする／

なお，ここで示した発問の「４区分」の４つの象限に，道徳授業で生かすほとんどの発問を位置付けることが十分に可能です。しかし，その全ての発問がスッキリと入り切るわけでもありません。ここで生かした２つの軸とは異なる発想の軸があることも心得ておくようにします。

その例として，押谷由夫氏が明治図書『道徳教育』誌（2018年８月号）に示した，直観的思考から分析的思考を深めるための「視点移動」として４つの軸の考え方があります。その軸と発問例は次のようなものです。

◇**対象軸**…○○さんの立場ならどうか，相手の立場で考えてみよう。

◇**時間軸**…以前はどうだったか。これからどうなるだろう。

◇**条件軸**…こうすればどうだろう。このように考えるのはどうか。

◇**本質軸**…なぜこのようになるのか，もう少し考えてみるとどうだろう。

このように，他の考えと結びつけたり，立場を変えたり，過去と比較したり，条件や状況を変えたりする発問は，授業をもう一段深める「切り込みの発問」「揺り動かしの発問」などとして生かすことができます。本誌で中心的に生かす「４区分」の発想に重ねて，思考の一層の深さを生み出すこのような発問群も大事にしたいものです。そのために，各事例では，その発問も２ページ目の下段に示すことができるようにしています。

発問を「自分事」としての追求へと仕立てる

「発問の立ち位置」を中心として発問を柔軟に発想することと同時に重要なこと，それは，様々な「立ち位置」にあるこれらの発問を，子どもの視点に立つ学習としてつなぎ，仕立てていくことです。その際，「考え，議論する」ための問題追求の展開を，子どもの視点でイメージする必要があります。教師が誘導し続け，各駅に停車するごとに問い掛けるような発問の配置では，多様な発問のよさがまったく生かされません。

子どもは「自分事」を軸にして追求する

図3は，子どもの多面的・多角的思考が生きる問題追求で貫く授業のイメージの例です。

図に示すように，道徳授業は子どもの「自分事」の軸が一時間にわたって貫いています。まず，子どもが問題意識をもち，自我関与や体験的な活動を通して当事者意識を高めていく。それらを通して，一人ひとりの中の「納得解」が「道徳的価値観」として温められていきます。

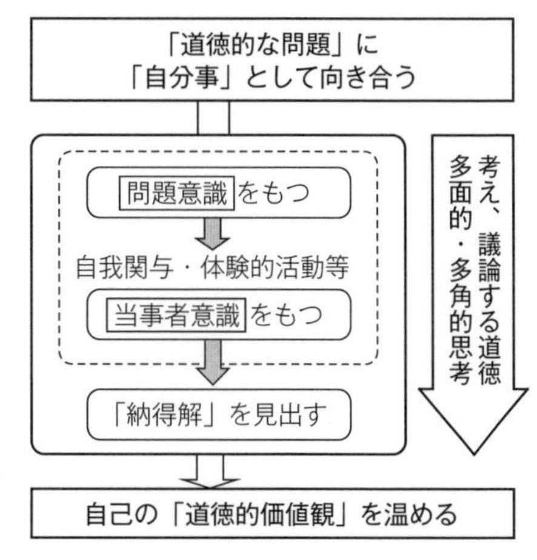

図3　道徳科での子どもの問題追求

この「自分事」を太い軸とした「問題意識」⇒「当事者意識」⇒「納得解」の流れが子どもの問題追求の過程です。このような発想を下地にして，子どもの多面的・多角的思考を促す追求的な学習として発問をアレンジしていく。それが学習指導案を構成する際の重要な目安となります。

／「多面的思考」と「多角的思考」の往還で追求型授業をつくる／

では，実際にどのように授業の展開を発想できるでしょうか。

「発問の立ち位置」を手掛かりとして生かす場合，例えば，その中の「多面的思考」を促す問いと「多角的思考」を促す問いの片方だけにせず，それらを効果的に行き来させることが大切です。そうすることで，子どもの追求の幅は広がります。前述にも含むように，「多面的思考」だけでは時に授業が重くなりがちで，「多角的思考」だけに頼り続けると「みとめあい」としての一体的な深まりが少なくなりがちです。その両面のアプローチを生かしてこそ，追求の幅を関心に応じて広げていくことができるのです。

／教える順番ではなく，子どもの追求の流れで発問をつなげる／

とりわけ重要なのは，教師の教える順番を前面に押し出して発問を並べないことです。子どもが教材や問題に出合ってどのような問いをもち，追求をするか，また，どんな手順ですすめると子どもが夢中になって問題追求をするかなどを描き出して発問をつなげることです。それが子ども自らが「問い続ける」学習になっていくからです。もし，３つの発問をつなぐことを想定する場合，例えばこのような追求の流れを発想することができます。

例：批判的な発問 ⇒ 共感的な発問⇒分析的な発問 へとつなぐ展開

教材に対する批判的な受け止めから問題意識を温め，共感的な視点で深め合って，学級全体で分析的な整理をする。

例：共感的な発問 ⇒ 投影的な発問⇒批判的な発問 へとつなぐ展開

主人公の考えを共感的に深め合い，自分に置き換えてさらに深め，それをもとに，自分なりの意見を批判的につくりあげていく。

もちろん，発問のつなぎ方は発問の数も含めて多彩であり，同じ立ち位置の発問に戻ることも考えられます。柔軟に生かし合うことが大切です。

/各事例の工夫を学級に応じて柔軟に生かす/

この後に続く本誌の２章では，低・中・高学年別に，特に定評があり使用頻度が高いと思われる教材を各12，計36取り上げて，各４ページずつ，以下のようなページ構成でその工夫例について示しています。ぜひ，それぞれの発問の多彩さとその追求的な構成の面白さを感じ取ってください。

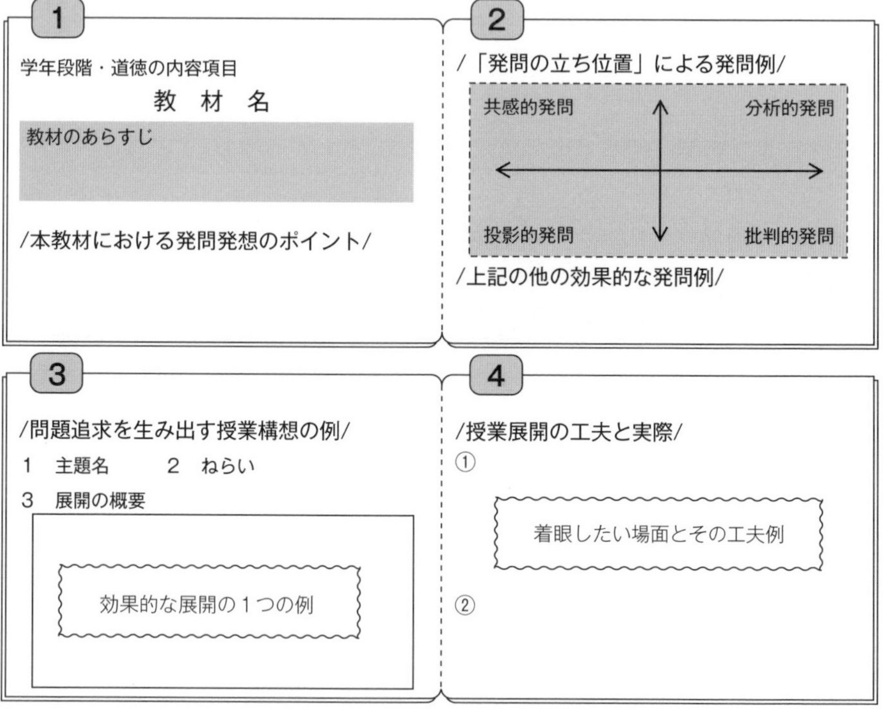

なお，各事例は，担当された各実践家の着想や願いが映し出された指導のアレンジの例です。各学級においては，それを参考としつつ，子どもの様子を踏まえて，各先生の思いで工夫されてみてください。

（永田　繁雄）

2章

教材別・道徳発問大全集

A－(2)正直，誠実

金のおの

使用教科書：東京書籍

教材のあらすじ

きこりが木を切っているときに，おのが手から滑り，池に落ちてしまった。すると，池から神様が現れ，金のおのや，銀のおのを見せた。しかし，きこりは，自分のものではないと，断った。その姿を見て，神様は金のおのも，銀のおのも渡した。それを聞いた友達のきこりは，わざとおのを落とした。神様が現れたが，友達のきこりは正直に言わなかった。そのため神様は姿を隠し，自分のおのもなくしてしまった。

本教材における発問発想のポイント

本教材は，イソップ物語としても有名なため，内容を理解している子どもが一定数いると考えられます。そのため，導入で挿絵を見せて意欲を高めたり，正直について意識付けをしたりすることも手立ての一つです。また，２人のきこりの思いや行動を比較することで，正直に言うことのよさに気付くことができるでしょう。

また，なぜ，きこりは，正直に言ったのかを考えることを通して，自分自身が日常生活で正直に言うとどんなよいことがありそうかを教材から自分事として考えます。自分事として考えることで，価値観の形成がより豊かになります。他にも，友達のきこりに手紙を書こうなどの活動を取り入れることで相手意識が生まれ，正直について再認識できるでしょう。

「発問の立ち位置」による発問例

共感的発問

・きこりは，神様が金のおのを持ってきたとき，どんな気持ちだっただろう。
・神様がきこりに全部のおのを渡したとき，どんなことを思っていただろう。

分析的発問

・きこりは，金のおのがもらえると思って「違います」と断ったのだろうか。
・なぜ，神様はきこりにはあげて，友達のきこりにはあげなかったのだろう。

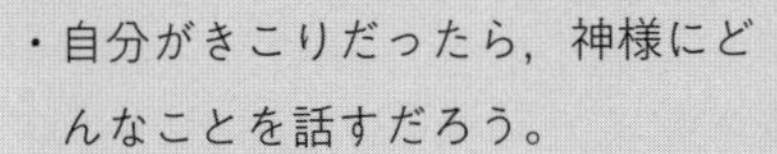

投影的発問

・自分がきこりだったら，神様にどんなことを話すだろう。
・自分が神様だったら，どんなきこりに金のおのや，銀のおのをあげるだろう。

批判的発問

・２人のきこりの様子から，どんな気持ちの違いを感じるだろう。
・神様は，友達のきこりにどんなことを伝えたかったのか。

上記の他の効果的な発問例

・お話を聞いて，感じたことや気になることはどんなことかな。
・友達のきこりを励ますために，手紙を書くとしたら，どんな言葉を伝えるだろう。

／問題追求を生み出す授業構想の例／

1　**主題名**　正直な気持ちのよさとは

2　**ねらい**　自分の思いを優先してしまう気持ちに共感しつつも，正直に気持ちを伝えることの大切さについて考え，正直な気持ちで過ごそうとする心情を育む。

3　**展開の概要**

主な発問と子どもの意識の流れ	配慮事項ほか
1．挿絵を見て，正直な気持ちのイメージをもつ。	◇挿絵を通して，価値に対する意欲を高める。
正直な気持ちは，どうしてよいのだろう。	
2．教材「金のおの」を読み話し合う。	
①きこりは，金のおのがもらえると思って「違います」と断ったのだろうか。……分析	◇正直に話すきこりの思いや理由を自由に想像させる。
②自分がきこりだったら，神様にどんなことを話すだろう。……投影	◇正直に言うか迷うときもあることに心を向き合わせる。
❸神様は，友達のきこりにどんなことを伝えたかったのか。……批判 ・正直に言おうね。 ・金のおのが欲しいのもわかるけど嘘はよくないよ。　ほか	◇友達のきこりは，欲しいがために嘘をついたことを押さえた上で発問する。 ◇話合い活動を取り入れ，多様な考えをもたせる。
3．テーマについて考える。 ④正直な気持ちはどうしてよいのだろう。生活の中にもあるだろうか。	◇テーマに立ち返り，生活場面における正直な気持ちを考えられるようにする。
4．自分の生活に生かしたいことを書き込む。	

授業展開の工夫と実際

①教材のよさを生かす

この教材は，教師が正直に言うことの大切さやよさを言わなくとも，発問構成によって，子ども同士の話合いで考えを広げたり，深めたりすることができます。そのために分析的発問で登場人物の考えの背景を探り，投影的に自己の考えを見つめ，批判的発問で神様の視点から本教材のテーマを考えます。

内容がわかりやすい教材だからこそ，いろいろな視点から考えることで，より正直に対する一人ひとりの価値観が形成されます。

②教材から生活場面へのスムーズな問い返し

道徳科の授業において教材から生活場面にスムーズにつなげ，自己の生き方を深めたいものです。そこで，発問❸で「正直に言うことがよい」ということを押さえた後，本時のテーマである「正直な気持ちは，どうしてよいのだろう」と発問します。このときに生活場面を例にして考える子どもがいれば，「他にも生活の中で，正直な気持ちがよいときはあるかな」などと問い返します。また，そのような考えが出ない場合でも「生活の中であるかな」と子どもの思考が途切れないような問い返しを心掛けていきます。

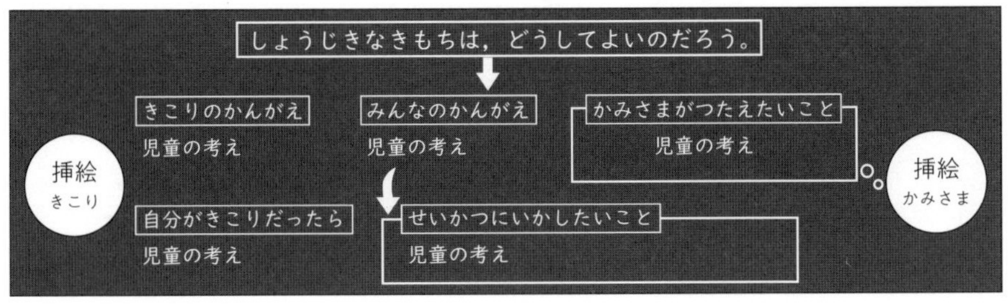

（根岸　陽月）

A－(３)節度，節制

かぼちゃのつる

使用教科書：東京書籍

教材のあらすじ

かぼちゃのつるは，ぐんぐんのびていった。はち，ちょう，すいか，いぬが忠告しても，かぼちゃは聞く耳をもたない。すると，トラックがやってきて，かぼちゃのつるを切ってしまう。かぼちゃは，やりたいようにやりすぎて失敗したことを後悔するのだった。

本教材における発問発想のポイント

この教材は，訓話的な内容なので，発問構成によっては，道徳的価値を子どもに押し付けるかたちになってしまうことがしばしばあります。

そこで，かぼちゃのやりたいようにやりすぎてしまう気持ちにも共感しながら，どうしたらやりたいことができるのかを相手のことを考えながら子どもと話し合うようにすることが大切です。

そのためには，まず共感的発問からかぼちゃの心情を理解し，次にお話の問題点を考えながら，「もしも自分がかぼちゃだったらどうするか」と投影的発問をします。また，「どうするか」の発問に終始すると，解決方法だけで議論が終わるので，「どうしてそう思うのか」「そうするとどんなよいことがあるのか」と問い返し，道徳的価値と関連させていくようにします。

「発問の立ち位置」による発問例

共感的発問

・はち，ちょう，すいか，いぬの話をどんな気持ちでかぼちゃは聞いていただろう。
・つるをトラックに切られてしまって，かぼちゃはどんなことを考えただろう。

分析的発問

・どうしてかぼちゃはみんなの話に聞く耳をもたなかったのだろう。
・つるをトラックに切られて，かぼちゃが学んだことは何だろう。

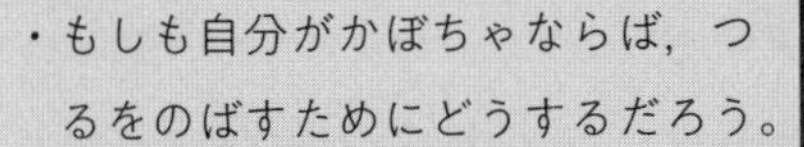

投影的発問

・もしも自分がかぼちゃならば，つるをのばすためにどうするだろう。
・自分がそこにいたら，つるをのばすかぼちゃにどんな言葉をかけるか。

批判的発問

・つるをのばさないことがよいことなのか。
・かぼちゃを納得させる伝え方は他になかったのか。
・かぼちゃが困らないでつるをのばすことはできないのか。

上記の他の効果的な発問例

・やりたいようにやりすぎて失敗したことはあるか。
・やりたいことをやれるようにするためには，どんなことを考えたらよいか。
・わがままなことをがまんしていると，どんな自分になれるんだろう。

／問題追求を生み出す授業構想の例／

1　**主題名**　やりたいことをやるために

2　**ねらい**　わがままをしないで，相手の気持ちや周りの状況をよく考えて行動しようとする心情を育てる。

3　**展開の概要**

主な発問と子どもの意識の流れ	配慮事項ほか
1．やりたいことをやって，困った経験について話し合う。	◇エピソードの中に他の人が関わる内容があれば，そのときの相手の様子について尋ねてもよい。
2．教材「かぼちゃのつる」を読み話し合う。 ①はち，ちょう，すいか，いぬの話をどんな気持ちでかぼちゃは聞いていただろう。……共感	◇「1」と関連させて，かぼちゃの気持ちや行動への人間理解を深めるようにする。
かぼちゃが困らないでつるをのばすことはできないのか。	
❷もしも自分がかぼちゃならば，つるをのばすためにどうするだろう。……投影 ・自分の畑で自由に思い切りのばす。 ・空いているところにのばすときにも，周りの様子に気をつけたい。	◇テーマに対して，投影的な発問からその解決を考える。「どうしてそう思うのか」「そうするとどんなよいことがあるのか」と問い返し，道徳的価値と関連させて深められるようにしていく。
3．やりたいことをやれるようにするためにどんなことを考えたらよいか話し合う。	

授業展開の工夫と実際

①共感的発問からテーマを設定する

教材提示の後,「はち,ちょう,すいか,いぬの話をどんな気持ちでかぼちゃは聞いていただろう？」と発問すると「相手の話を聞かず,つるをのばすことしか考えていない」「わがままにやりたい放題」等の意見が出されました。次に「つるをのばすことは悪いことかな？」と問い返すと子どもたちは全員が首を横に振りました。そこで,「**かぼちゃが困らないでつるをのばすことはできないのか**」というテーマを設定し,投影的発問へうつりました。

②投影的発問で多様な考えを引き出す

中心発問で「もしも自分がかぼちゃならつるをのばすためにどうする？」と尋ねると「他にのばすなら,優しい言葉でお願いしてみる」「みんなの通る道はさすがにのばさない」等の意見が出されました。それぞれの発言に対して「そうするとどんなよいことがある？」と問い返すと「相手も傷つかない」「道を通る人も気持ちよく歩くことができる」等,道徳的価値と関連した発言につながっていきました。

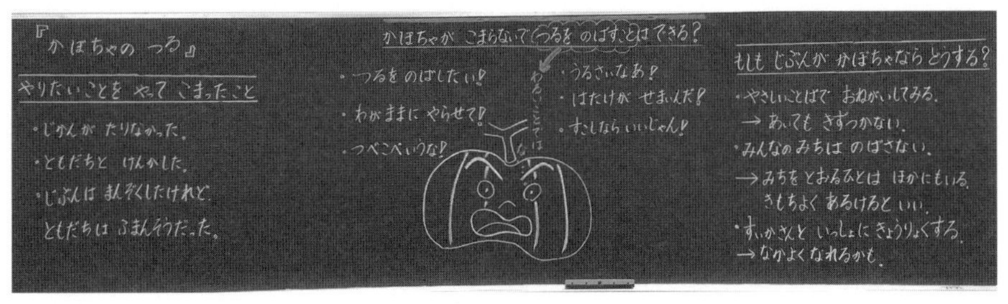

（幸阪　創平）

B －（6）親切，思いやり

はしの上のおおかみ

使用教科書：学研

教材のあらすじ

おおかみは一本橋を渡るときにうさぎやたぬきに，「もどれ，もどれ」といつも大威張り。ある日，おおかみが橋を渡っていると，大きなくまが立っていた。その大きさに驚き，橋を戻ろうとすると，大きなくまは，おおかみを抱き上げ，そっと反対側に下ろしてくれた。そんな心優しいくまの姿を見て，次の日からおおかみは，くまのような行動をした。大威張りなときよりもずっといい気持ちになった。

／本教材における発問発想のポイント／

心情の変化がわかりやすい教材のため，登場する動物たちの気持ちを問う発問が少なくても，教材内容や道徳的諸価値の理解は十分に行うことができます。そこで，くまに出会った前後のおおかみの心情の変化を考えたり，登場人物と同じ状況で考えたりするなど，多面的・多角的な思考を通して，子どもはより親切について考えを深めることができます。

さらに，おおかみの行動を批判的に見る発問も有効です。「なぜいけないのか」「そのような気持ちになることはないか」などの視点で考えることで，より自分の考えが深まるでしょう。お話を全体的に見る発問，お話の世界に入り込んで自分事として考える発問等，多様な立ち位置を意識して子ども主体で考えが深まるような発問を取り入れていきたいものです。

「発問の立ち位置」による発問例

共感的発問

・くまの後ろ姿を見ているおおかみは，どんなことを思ったのだろう。
・橋を渡らせてくれたうさぎは，どんな気持ちだったか。

分析的発問

・はじめの「えへん，へん」と最後の「えへん，へん」には，どんな違いがあるだろう。
・「まえよりずっといい気もち」なのは，どうしてか。

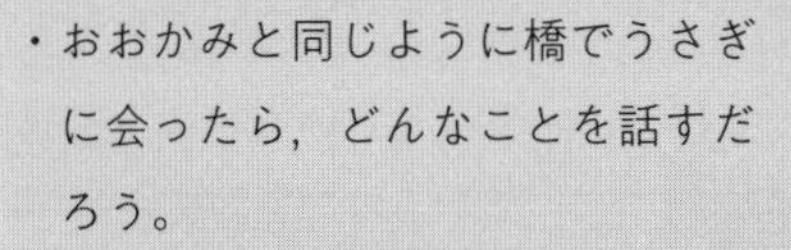

投影的発問

・おおかみと同じように橋でうさぎに会ったら，どんなことを話すだろう。
・橋を渡らせてくれたくまを見て，自分がおおかみだったら，くまにどんなことを言うだろう。

批判的発問

・くまにだけ譲るおおかみのことをどう思うか。
・優しい気持ちになったおおかみに自分の考えを伝えてあげよう。
・おおかみは，どのように行動することが大切なのだろう。

上記の他の効果的な発問例

・お話の中の誰の心について考えてみたいか。
・おおかみのような人が増えると，どんな世界になりそうか。
・このお話の中で，自分に生かしたいのはどんなことか。

問題追求を生み出す授業構想の例

1　**主題名**　友達も自分もよい気持ち

2　**ねらい**　親切にすることで，周りの人や自分自身の気持ちがどのように変化するのかを考え，親切な行動をしようとする心情を育む。

3　**展開の概要**

主な発問と子どもの意識の流れ	配慮事項ほか
1．友達のために行動した経験を考える。	◇そのときどんな気持ちだったかを想起させる。
友達も自分もよい気持ちになるには。	
2．教材「はしの上のおおかみ」を読み話し合う。 ①くまにだけ譲るおおかみのことをどう思うか。……**批判** ②橋を渡らせてくれたくまを見て，自分がおおかみだったら，くまにどんなことを言うだろう。……**投影** ❸「まえよりずっといい気もち」なのは，どうしてか。……**分析** ・相手も嬉しい気持ちだから。 ・自分から親切にできたから。　ほか	◇範読後，印象に残った場面を聞き，発問を調整する。 ◇威張っているところと臆病なところを押さえる。 ◇親切にされるとお礼をしたくなる気持ちにも触れられるようにする。 ◇親切にすることで自分の気持ちも嬉しくなることを踏まえ，親切への実践意欲につなげる。
3．テーマについて考える。 ④おおかみのように友達も自分もよい気持ちになる行いに，どんなことがあるか。 4．自分の生活に生かしたいことを書き込む。	◇意見集約アプリを活用して身近にたくさんある親切に意識を向けられるようにする。

／授業展開の工夫と実際／

①子どもの考えたいと思う気持ちを大切に，発問を柔軟に調整する

教師が明確な指導の意図をもつことは重要です。しかし，それを前面に出した教師主導的な授業では，価値を押し付けがちで，子どもが正解を求めるような傾向が強くなります。そこで，今回の授業展開では，範読後に子どもが印象に残ったことや気になったこと等を共有します。その内容をもとに発問することで子ども主体の授業になることが考えられます。本教材は，登場人物の心情の変化がわかりやすいため，教師が「発問の立ち位置」の発問例を把握することで子どもの視点から柔軟に発問していくことができます。

②おおかみの正しい判断ができない弱さに触れる

授業構想例の発問①「くまにだけ譲るおおかみのことをどう思うか」では，おおかみのよくない点＝弱さを考えます。しかし，この心情は，人間にもあることに気付くことで，より親切について考えることができます。「みんなに親切にしたいけど難しい。でも，おおかみはくまと出会って変わった」となれば，自分事として考えた際にも前向きに捉えることができます。

導入と終末のみ書くことができるようにするなど，負担のないものが望ましい

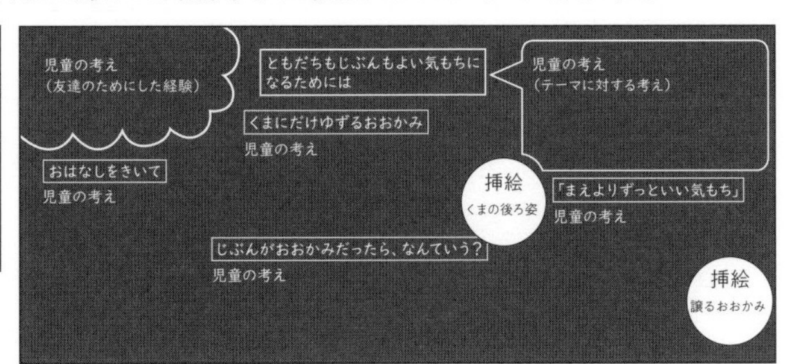

板書計画（例）

（根岸　陽月）

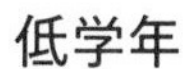

B－(6)親切，思いやり

くりのみ

使用教科書：学研

教材のあらすじ

きつねとうさぎは，お腹がすいていたので，食べ物を探していた。きつねは，たくさんどんぐりを見つける。しかし，うさぎに「何にもなくて，腹ぺこです」と嘘をつく。かわいそうに思ったうさぎは，自分で見つけた２つのくりの実の１つをきつねにあげる。すると，きつねはくりの実を握りしめて，涙をぽろっとこぼした。

／本教材における発問発想のポイント／

本教材の中心場面をきつねが涙を流す場面としました。人が涙を流すときを考えてみると，悲しかったとき，辛かったとき，嬉しかったとき，面白かったとき，感動したとき等，様々です。そこで，きつねの涙の裏に，どんな気持ちがあったのかを分析的な視点から考えるようにします。

そのために，まず導入では，日常生活を振り返って，涙を流す場面を想起するようにします。

次に教材を提示した後，共感的発問を使って，うさぎに嘘をつくきつねの気持ちを考えることを通して，人間理解を深めます。

最後にきつねの涙のわけを考える中で，「計画通りにうさぎを騙すことができてきつねは嬉しいはずではないのか」と批判的な視点から問い返すことで，きつねの心情を多面的・多角的な視点から考えるようにします。

／「発問の立ち位置」による発問例／

共感的発問

・「何にもなくて，腹ぺこです」と伝えたきつねはどんなことを思っていたか。
・涙をぽろっとこぼすきつねはどんな気持ちか。

分析的発問

・どうしてきつねは涙を流したのか。
・きつねの涙には，どんな思いが込められているか。
・涙を流した後，きつねはどうするか。そう思うのはなぜか。

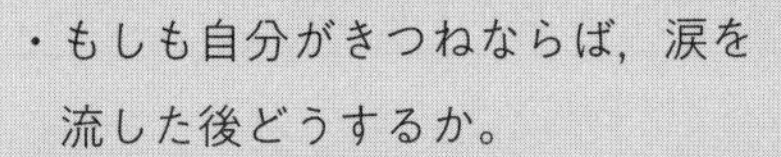

投影的発問

・もしも自分がきつねならば，涙を流した後どうするか。
・自分がそこにいたら，どんな言葉をきつねにかけるだろう。
・きつねとうさぎの役になって，お話の続きをやってみよう。

批判的発問

・計画通りにうさぎを騙すことができてきつねは嬉しいはずではないのか。
・くりの実が１つだけでも，うさぎはきつねにあげただろうか。

／上記の他の効果的な発問例／

・普段の生活を振り返って，どんなときに涙を流すか。
・自分は，今までどのくらい親切にできていただろう。
・人に親切にしたり，してもらったりして嬉しかったことはあるか。

／問題追求を生み出す授業構想の例／

1　**主題名**　温かい心で

2　**ねらい**　きつねとうさぎの関係から，身近にいる人に温かい心で接し，親切にしようとする心情を育てる。

3　**展開の概要**

主な発問と子どもの意識の流れ	配慮事項ほか
1．普段の生活を振り返って，どんなときに涙を流すか話し合う。 **2．教材「くりのみ」を読み話し合う。**	◇具体的なエピソードから，そのときの気持ちを引き出す。
きつねの涙には，どんな思いが込められているか。	
①「何にもなくて，腹ぺこです」と伝えたきつねはどんなことを思っていたか。……共感 ❷きつねの涙には，どんな思いが込められているか。……分析 ・自分がしてしまったことの後悔。 ・うさぎへのありがとうの気持ち。 ・自分への情けない気持ち。	◇教材の提示後，導入の発問と照らし合わせて，テーマ「きつねの涙には，どんな思いが込められているか」を示す。
③きつねとうさぎの役になって，お話の続きをやってみよう。……投影 **3．２人の関係で生かせることを考える。** ④きつねとうさぎの関係から自分はどんなところを学びたいか。	◇③では，学級の実態に応じて，子どもと教師，または，子ども同士で役割演技に取り組む。

授業展開の工夫と実際

①分析的発問の中に批判的な問い返しを入れる

中心発問で「きつねの涙には，どんな思いが込められているだろう？」と発問すると，「うさぎにありがとうという気持ち」「自分がやったことに後悔している」等の意見が出されました。そこで，「計画通りにうさぎを騙すことができてきつねは嬉しいはずではないのか」と問い返すと，「うさぎも食べ物が少なくて困っているのに優しくしてくれたから，逆にきつねは悲しくなった」「うさぎの気持ちを考えられなかった自分が嫌になった」等，きつねだけでなくうさぎの気持ちについても考えが広がりました。

②投影的発問に役割演技を加える

展開の後半で「きつねとうさぎの役になって，お話の続きをやってみよう」と発問しました。子ども同士できつねとうさぎを交互に演じました。まず，うさぎ役から「どうして泣いているの？」という言葉をかけてからきつね役がその理由を答えます。そして，その理由を聞いたうさぎ役が再び言葉をかける流れです。きつね役の言葉を聞いて，「正直に言ってくれてありがとう」「また，一緒に探そうね」等，お互いの心を通わせた対話が生まれました。

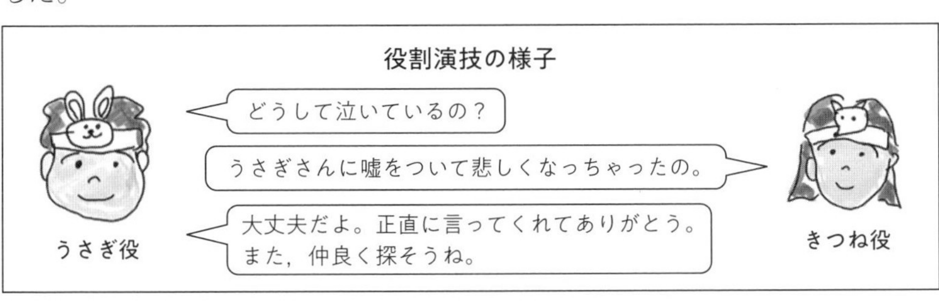

（幸阪　創平）

B－(6)親切，思いやり

ぐみの木と小鳥

使用教科書：日本文教出版

教材のあらすじ

ぐみの木は友達のりすが姿を現さないことを心配している。通りすがりに実をもらった小鳥は，ぐみの木の頼みを聞いてりすのところへぐみの実をもって様子を見に行く。りすは病気で寝ていたが，届けた実を食べて少し元気になる。小鳥はその様子を見て，次の日も実を届けに行く。ひどい嵐の中もりすのことを思い，実を届ける。りすとぐみの木は，小鳥の行為に喜び感謝する。

本教材における発問発想のポイント

普段の生活から，「やさしい」という言葉は様々な場面で使います。この教材を活用することで，「やさしさ」とはどのようなことかを具体的に言葉にして子どもどうし考えられるようにします。「やさしい」という概念を共有するとともに，自分の身近にある「やさしさ」にも着目できる展開とし，ねらいを達成していきます。

本教材は，病気のりすを見て，放っておくことができない小鳥の気持ちを共感的に捉えやすく，困っている相手に対して，相手の状況や気持ちを自分のことに置き換えて推し量り，相手によかれと思う気持ちを向けるよさを考えることに適した内容だといえます。そこで，小鳥のやさしさを批判的発問から言葉にして共有し，それを自分の生活につなげて考えていくことで深められるようにします。

「発問の立ち位置」による発問例

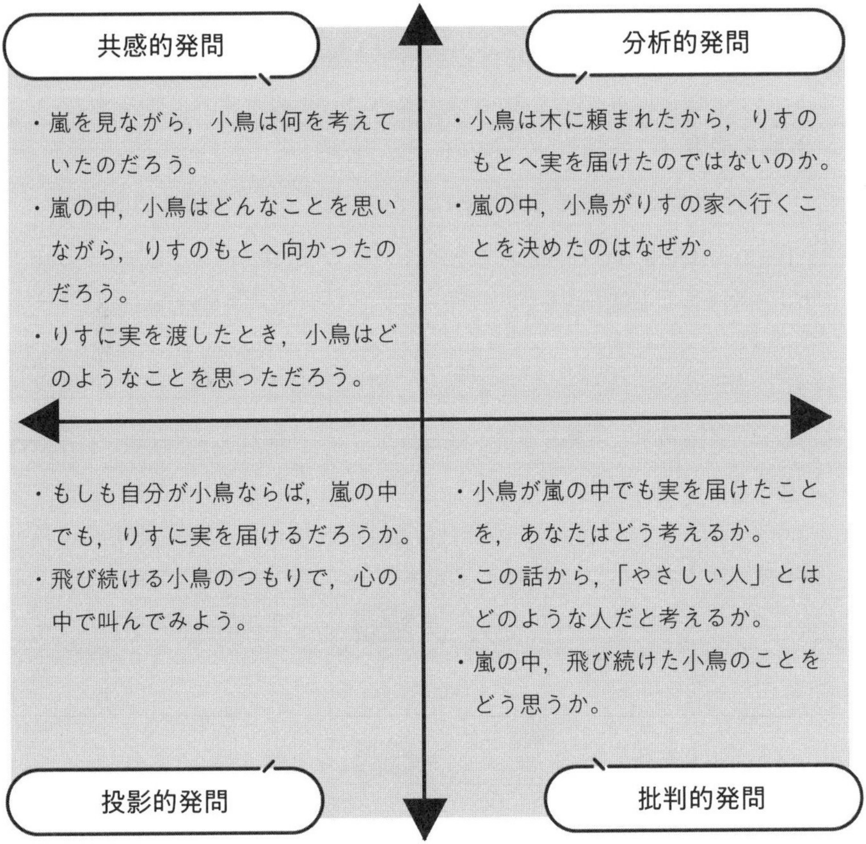

上記の他の効果的な発問例

・「あの人はやさしいな」と感じるときは，どのようなときか。
・この話に似ている自分のできごとを思い起こしてみよう。
・ぐみの木や小鳥のようにやさしい人を身の回りで探してみよう。

問題追求を生み出す授業構想の例

1　**主題名**　相手を思う温かい心

2　**ねらい**　困っている相手に温かい気持ちを向けるよさを考えることから，相手に温かい心で接し，親切にしようとする心情を育む。

3　**展開の概要**

主な発問と子どもの意識の流れ	配慮事項ほか
1．「あの人はやさしいな」と思うときは，どのようなときかを話し合う。	◇具体的なエピソードを生かして問題を掘り起こす。
やさしい人とは，どのような人なのか。	
2．教材「ぐみの木と小鳥」を読み話し合う。 ①嵐を見ながら，小鳥は何を考えていたのだろう。……共感 ❷りすに実を渡したとき，小鳥はどのようなことを思っただろう。……共感 ・喜んでもらえてよかった。　ほか ③この話から，「やさしい人」とはどのような人だと考えるか。……批判 ・困っている人を放っておけない人。 ・相手が喜ぶことをできる人。　ほか **3．自分の生活を振り返る。** ④ぐみの木や小鳥のようにやさしい人を身の回りで探してみよう。 **4．ぐみの木や小鳥の「やさしさ」から，自分に生かせることを考え，ノートに書き込む。**	◇教材提示後「誰がやさしかったか」を問い，小鳥や木のやさしさに触れる。 ◇「小鳥は木に頼まれたから，実を届けたのではないか」と問い，小鳥のりすへの思いを考えられるようにし，❷の発問をする。 ◇③の発問は，ICTを活用し，子どもの考えを一覧にして，見られるようにする。 ◇③で出た意見を，④の発問に生かす。

授業展開の工夫と実際

①共感的発問では，役割演技を取り入れる

①と❷の発問では，役割演技を取り入れます。役割演技によって，授業にメリハリが生まれるだけでなく，多くの子どもが小鳥を共感的に捉えて考えることができます。また，①の場面では，木の役を教師が行い，小鳥役を子どもが行うことも効果的です。その際，嵐の中でもりすのことが心配で実を届けようと思う小鳥の気持ちを積極的に考えられるようにリードすることが大切です。次に，❷では，小鳥とりすの役を子どもにしてもらいます。小鳥とりすを子どもが演じることで，親切にされたときの思いも共感的に考えることができます。親切にする側とされる側を考えることで，温かい心で接し，親切にすることのよさを様々な側面から捉えることができます。

② ICT を活用し，さらに深く考える

③の発問後，各々ICT 端末に書き込む時間をとり，考えを一覧にして即時に見られるようにします。そこから，自分の考えと比べて考えたり，共感する意見を見出したりしながら，やさしさとは何かを考え深めていきます。

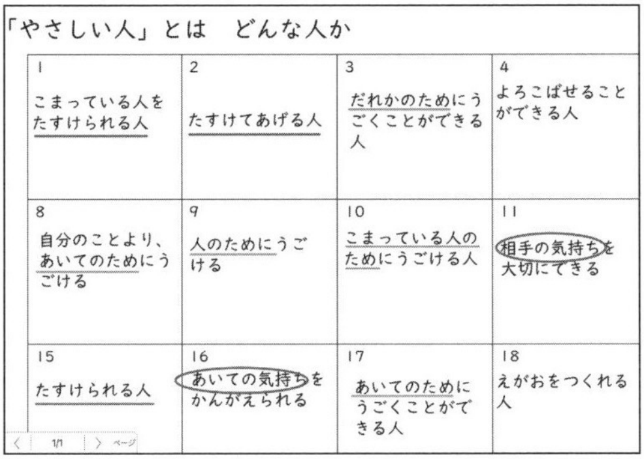

「やさしい人」とは　どんな人か

1 こまっている人をたすけられる人	2 たすけてあげる人	3 だれかのためにうごくことができる人	4 よろこばせることができる人
8 自分のことより、あいてのためにうごける	9 人のためにうごける	10 こまっている人のためにうごける人	11 相手の気持ちを大切にできる
15 たすけられる人	16 あいての気持ちをかんがえられる	17 あいてのためにうごくことができる人	18 えがおをつくれる人

〈 1/1 〉 ページ

（箱﨑　由衣）

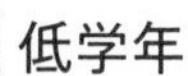

B －（7）感謝

きつねとぶどう

使用教科書：学研

教材のあらすじ

お腹がすいた子ぎつねのために，おいしいものをとりに行った母ぎつね。ぶどうの木から大きなふさを採り急いで戻るが，犬と猟師に気付き，子ぎつねを逃がす。それっきり母ぎつねは戻らなかった。何年もたち，お母さんを探し歩くうちに昔住んでいた巣の近くでぶどうの木を見つけた。子ぎつねがぶどうを食べると，ふとお母さんの声を思い出し，ぶどうがなるわけに気付く。

／本教材における発問発想のポイント／

私たちは，多くの人に支えられて生きています。しかし，それを当たり前として受け止め，気付いたとしても，わざわざ感謝を伝えることはないかもしれません。相手も「あなたのために」と伝えることはないのでなおさらです。だからこそ，多くの人に支えられて生きている自分に気付き，誰に，どんな「ありがとう」を伝えたいか考えさせることが大切だと考えます。

そこで，本授業では大きく次の流れを押さえて展開するようにします。

① お世話になっている人の広がり（自己を見つめる）
自分だけでは気付かなかった人に心を向けるきっかけをつくる。

② 母ぎつねのおかげで成長できたことを考える（教材）
そばにいなくても，ずっと見守り支えてくれていたことに気付かせる。

③ お世話になっている人の話を聞く（自己を見つめる）

「発問の立ち位置」による発問例

共感的発問

・「早く逃げなさい」と大声で叫んだ母ぎつねの思いはどんなだろう。
・子ぎつねは，どんな思いで母ぎつねを探し歩いていたのだろう。

分析的発問

・母ぎつねは，どうして自分の命を犠牲にしてまで子ぎつねを助けようとしたのか。
・ぶどうの木が生えていたのはなぜだろう。
・ぶどうの意味とはなにか。

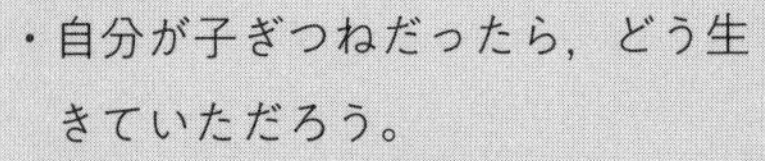

投影的発問

・自分が子ぎつねだったら，どう生きていただろう。
・「お母さん，お母さあん――」あなたが子ぎつねだったら，その言葉の後に母ぎつねにどんなことを伝えるだろう。

批判的発問

・母ぎつねがそこまでしたことをどう考えるか。
・「感謝する」とは，自分にとってどういうことだろう。

上記の他の効果的な発問例

・あなたが日頃からお世話になっている人には，どんな人がいるだろう。
・あなたは，誰に，どんな「ありがとう」を伝えたいか。
・「ありがとう」を伝えるほかに，あなたができることはなんだろう。

／問題追求を生み出す授業構想の例／

1　**主題名**　ありがとう。だから…

2　**ねらい**　きつね親子の互いの思いを考えることを通して，自分を支えてくれている人やその思いについて考えを深め，お世話になっている人々に感謝する心を育てる。

3　**展開の概要**

<table>
<tr><th>主な発問と子どもの意識の流れ</th><th>配慮事項ほか</th></tr>
<tr><td>1．あなたが，日頃からお世話になっている人には，どんな人がいるだろう。</td><td>◇家族以外にも支えてくれている人がいることに心を向けられるようにする。</td></tr>
<tr><td colspan="2">誰に，どんな「ありがとう」を伝えたいですか。</td></tr>
<tr><td>2．教材「きつねとぶどう」を読み話し合う。
①子ぎつねは，どんな思いで母ぎつねを探し歩いていたのだろう。……共感
②ぶどうの木が生えていたのはなぜだろう。……分析
❸「お母さん，お母さあん――」あなたが子ぎつねだったら，その言葉の後に母ぎつねにどんなことを伝えるだろう。……投影
・ぼくのことを守ってくれてありがとう。
・お母さんのおかげで大きくなれたよ。
・今まで気がつかなくてごめんね。
・これからも生きていくよ。</td><td>◇一人で生きる不安，母に会えない悲しみなどを表出。
◇お母さんとぶどうの関係を考え，子ぎつねが一人で成長したわけではなかったことについて考えを深められるようにする。
◇教師が母親役となり，子どもたちが気持ちを自由に語れるようにする。</td></tr>
<tr><td>3．お世話になっている人たちの話を聞こう。
4．あなたは，誰にどんな「ありがとう」を伝えたいか。振り返って書いておこう。</td><td>◇地域の人や家族など身近な人からのメッセージなどを紹介する（ICT の活用）。</td></tr>
</table>

授業展開の工夫と実際

①分析的発問で「母の思い」と「ぶどう」の関係性を深めていく

「おいしいものをとってきてあげるからね」と出かけて行ったまま戻らなかった母ぎつねが，実はぶどうを持ってきてくれていたのかもしれないということ，自分を犠牲にしても子ぎつねを助けたかったという母の深い愛情について考えを深められるようにします。

②投影的発問で「自分事」の価値観を掘り起こし，深めていく

教師が母親役をし，自由に語らせます。教材は母子の関係性が色濃く，「家族愛」について考えを深めていく子どももいるでしょう。ここでは，子どもに語らせる中で，自分を見守り支えてくれた存在に気付き，感謝の気持ちをもつ子ぎつねの気持ちに寄り添います。

③届いたメッセージ，届けたい「ありがとう」の思いを形に

「感謝」に焦点をあてるため，地域の人などに協力をいただきメッセージ動画や手紙を紹介します。子ぎつねのように，自分を見守り支えてくれる人がいることを知った上で，届けたい「ありがとう」を考えさせます。

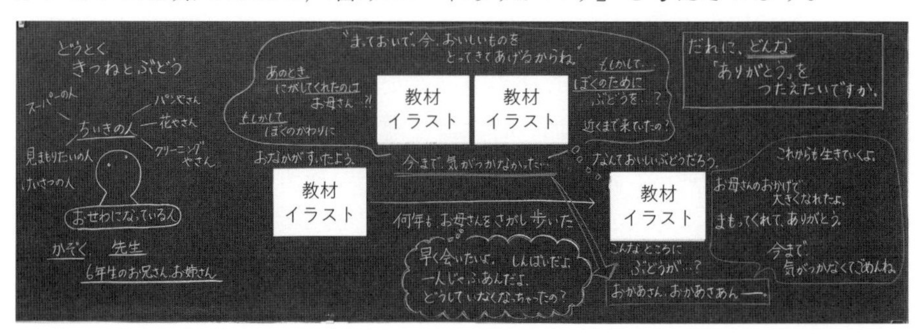

（千田　怜花）

B－(9)友情，信頼

二わの小鳥

使用教科書：学研

教材のあらすじ

みそさざいは，誕生日会をするやまがらの家へ行こうか，音楽会の練習をするうぐいすの家へ行こうかなやんでいた。周りのみんなの行動や家の佇まいからうぐいすの家へ行った。しかし，やまがらのことが気になったみそさざいは，こっそり抜け出し，やまがらの家へ行った。やまがらは，目に涙を浮かべて喜び，その姿を見たみそさざいは，正しい判断をしたと実感した。

本教材における発問発想のポイント

みそさざいの葛藤場面や，周りの登場人物の自分よがりな考えが浮き彫りになった教材です。そのため，みそさざいの心情や行動を自分の考えと照らし合わせたり，周りの友達との考えを比較したりするなど，柔軟に発問することができます。子どもの実態に応じて発問を使い分けたり，問い返したりするとより友情について考えを深めることができます。

みそさざいが悩んでいる場面，音楽会の練習をしている場面，やまがらのところへ行った場面など，話し合うことができる箇所がいくつかあります。どうしてそのような考えや行動をしたのか，自分だったらどんなことを考えるかなど幅広い発問で話し合うとよいでしょう。また，周りの友達はどのようなことを思っているのかあわせて考えることで，友情について多角的に考えを深めていくこともできます。

「発問の立ち位置」による発問例

共感的発問

・うぐいすの家にいるときに，みそさざいはどんなことを考えていただろう。
・みそさざいはやまがらのもとへ向かいながら，どんなことを考えていたのだろう。

分析的発問

・なぜ，みんなうぐいすの家に行ったのか。
・みそさざいがやまがらの家へ行ったのは，なぜなのか。
・みそさざいとやまがらは，どんな友達関係だろう。

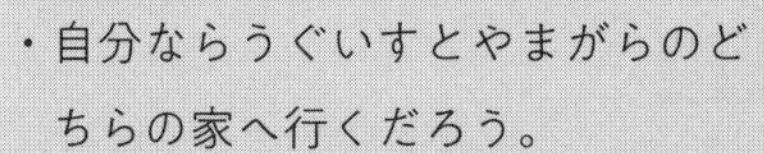

投影的発問

・自分ならうぐいすとやまがらのどちらの家へ行くだろう。
・多くの友達ともっと仲良くなるために，自分がそこにいるとすれば，どのような行動をとるだろう。

批判的発問

・みんなで仲良くうぐいすの家へ行くのは，よいことなのか，悪いことなのか。
・みそさざいだけやまがらの家へそっと抜け出すことについてどう思うか。

上記の他の効果的な発問例

・一人の大事な友達と，多くの仲間とどちらを大切に感じるか。
・「二わの小鳥」の話を通して，どんなことを大切にしたらよいと思ったか。

／問題追求を生み出す授業構想の例／

1　**主題名**　友達のためにできること

2　**ねらい**　相手のことを思う気持ちが強いほど，より仲良くなれることについて考え，相手のために行動しようとする実践意欲を高める。

3　**展開の概要**

主な発問と子どもの意識の流れ	配慮事項ほか
1．友達がいてよかったなと思う気持ちを共有する。	◇今よりもっと仲良くなることへの動機付けを行う。
友達ともっと仲良くなるために。	
2．教材「二わの小鳥」を読み話し合う。 ①なぜ，みんなうぐいすの家に行ったのか。……**分析** ②みんなで仲良くうぐいすの家へ行くのは，よいことなのか，悪いことなのか。……**批判** ❸多くの友達ともっと仲良くなるために，自分がそこにいるとすれば，どのような行動をとるだろう。……**投影** ・周りの友達のことも説得して，やまがらのところへ行く。 ・練習している歌をやまがらの前で歌う。 ほか	◇楽しい雰囲気だけで判断しがちなことに気付かせる。 ◇多様な視点で友情について考えられるようにする。 ◇行動の背景にある理由等も共有し，相手のことを考える大切さに心を向けさせる。 ◇意見交流を行い，友達の考えに共感したり，考えを比較したりできるようにする。
3．テーマについて考える。 ④友達ともっと仲良くなるためには，どのような気持ちや行動を大切にしたいか。 **4．自分の生活に生かしたいことを書き込む。**	◇テーマに立ち返り，相手のために行動しようとする意欲を高める。

授業展開の工夫と実際

①みそさざいの視点だけでなく，みんなの視点でも友情について捉える

友達と仲良く過ごすことは大切だと誰もが考えるからこそ，あえて「みんなで仲良くうぐいすの家へ行くのは，よいことなのか，悪いことなのか」という問いを設定しました。みんなで仲良く過ごすことは大切だけれど，一人だけ仲間に入れなかったり，大切な日に一人にさせたりするのはよくないのではないかというように広い視点で捉えることで，友情についての考えを広げることができ，話合いも活発になるはずです。

②やまがらとの友情も大切，周りの友達との友情も大切

本教材では，みそさざいとやまがらの友情について考えることが一般的です。それらの友情を考えつつも，うぐいすやその周りの友達との友情も考えることで，より相手の気持ちになって考えるということをイメージすることができます。また，「自分ならどのような行動をしますか」と自分事として考える発問は，日常生活にもつなげて考えやすくなります。選択肢が多様に想像できる教材だからこそ，多様な見方で友情について考えたいものです。

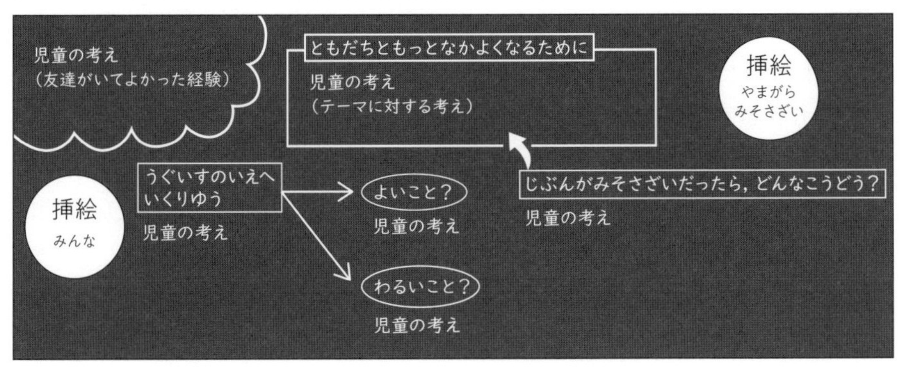

（根岸　陽月）

C－(10)規則の尊重

きいろいベンチ

使用教科書：東京書籍

教材のあらすじ

雨上がりの公園で紙飛行機を飛ばして遊ぶ２人の男の子。紙飛行機を遠くまで飛ばそうと，靴の裏側が汚れていることにも構わず，黄色いベンチの上にのぼり，ベンチを泥だらけにしてしまう。小さな女の子がうっかりその泥だらけのベンチに座り，スカートを汚してしまう。おばあちゃんが，女の子のスカートの汚れを落としている様子を見て，男の子たちは自分たちの行動を振り返る。

／本教材における発問発想のポイント／

本教材は，みんなが使う物に対して他者のことを考えない使い方をすることで，周囲の人が嫌な思いをするといったことをわかりやすく示した内容です。黄色いベンチが汚れてしまった背景も子どもにとって捉えやすく，遊びに夢中になって，つい周囲の人のことを考えることができない男の子たちの気持ちも共感的に考えることができるでしょう。

そこで，あえて登場人物の思いを丁寧に考えていくのではなく，きまりやマナーを守る大切さや難しさを自分の生活と重ね合わせて考える授業展開に重点をおきたいと考えます。

全ての行動に一つ一つきまりやルールはありません。何がよくて何はよくないのかの判断基準を自分でもち，自制していくことは大切なことです。本時は，それを自分なりに考える１時間にしていけるとよいと思います。

「発問の立ち位置」による発問例

共感的発問

・男の子たちは，どのような気持ちでベンチから紙飛行機を飛ばしていたのだろう。
・男の子たちは，このできごとからどんなことを考えているだろう。

分析的発問

・男の子たちがベンチに乗ったことは，どんなことが問題なのだろう。
・この公園にある見えないきまりには，どんなものがあるだろう。

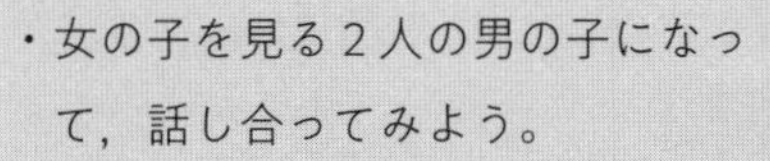

投影的発問

・女の子を見る２人の男の子になって，話し合ってみよう。
・もしもあなたが男の子たちなら，この後，どうするだろうか。その理由も考えよう。

批判的発問

・あなたは，男の子たちのしたことをどう思うか。
・男の子たちがこの後も元気に遊べるように，アドバイスをしてあげよう。

上記の他の効果的な発問例

・みんなで使う物や場所にはどのようなものがあるだろう。
・みんなで使う物は，どのようなことを大切に考え，使うとよいだろう。
・この話に似ている自分のできごとを思い起こしてみよう。

／問題追求を生み出す授業構想の例／

1　**主題名**　みんなが使うもの

2　**ねらい**　みんなで気持ちよく生活するために大切にするべきことについて考え，みんなが使う物を大切にしようとする態度を育てる。

3　**展開の概要**

主な発問と子どもの意識の流れ	配慮事項ほか
1．みんなが使うもので，使うときに困ったことについて話し合う。	◇具体的なエピソードを生かして問題を掘り起こす。
みんなが使う物は，どんなことを考えて使うといいか。	
2．教材「きいろいベンチ」を読み話し合う。 ①あなたは，男の子たちのしたことをどう思うか。……批判 ②男の子たちは，このできごとからどんなことを考えているだろう。……共感 ❸もしもあなたが男の子たちなら，この後，どうするだろうか。その理由も考えよう。……投影 ・女の子に謝りに行く。 ・遊ぶ場所を考えて飛行機を飛ばす。 ほか	◇①の発問では，男の子たちの行為を批判的に捉えるだけでなく，黄色いベンチで紙飛行機を飛ばしているときの気持ちを考えることから，共感できる部分にも目を向けられるようにする。
3．テーマについて考える。 ④みんなで使う物は，どのようなことを考えて使うとよいか考えよう。 **4．本時の学びから，自分に生かせることを考え，ノートに書き込む。**	◇④の発問は，ICT を活用し，子どもの考えを一覧にして見られるようにする。

授業展開の工夫と実際

①男の子たちの行為を批判的に捉えるのと同時に，共感的に捉える

①の発問は，批判的発問です。子どもからは，「ベンチを汚してしまうのはよくない」「女の子に謝る方がよい」などの意見が出ます。男の子たちの行為に対して否定的な意見が中心になるでしょう。そこで，ベンチにのぼって紙飛行機を飛ばしているときの気持ちを共感的に捉える時間を設け，男の子たちが遊びに夢中になり，他者を気にすることができなかったことにも目を向けます。きまりやマナーを守る大切さや難しさを自分の生活と重ね合わせて考えられるよう，他者の迷惑にならない行動をしなくてはいけないと知っていても実行することは簡単ではないことにも考えが及ぶようにします。

②投影的発問で「自分事」の価値観を掘り起こす

❸の発問は，投影的発問です。本教材で考えてきたことをもとに，自分が男の子なら，その後どのように振る舞うのかを考えます。こうすることで，「規則の尊重」を自分としてどのように捉えたかを整理し，自分にとって大切だと思うことを表現することにつながると考えます。

みんなでつかうものは、どのようなことを考えて　つかうとよいか。

「なるほど」「わかる！」をさがそう！

1	2	3	4	5
よごさないようにする	つかう人のことを考える	自分だけのものではないから、きれいに使う	ほかの人もつかうと考える	
8	9	10	11	12
ほかの人のことを考える	みんなが気持ちよくつかえるかを考える	使いおわったら、かたづける	つぎにつかう人がいやな思いをしないかが大事	
15	16	17	18	19
みんなが使うことをわすれない	かたづけまでしっかりする	みんなが気持ちよくすごせるかを考える	ものを大事にする	

（箱﨑　由衣）

低学年

C－(11)公正，公平，社会正義

およげないりすさん

使用教科書：学研

教材のあらすじ

池のほとりで，あひるさん・かめさん・白鳥さんが池の中の島へ行って遊ぶ相談をしていた。そこへ遊びに来たりすさんは「一緒に行きたい」とみんなに頼んだが，「りすさんはおよげないからだめ」と言われてしまう。みんなは，島について遊んでいたが少しも楽しくない。次の日，みんなはりすさんにあやまり，りすさんをかめさんの背中にのせて，みんなで一緒に島へ行った。

本教材における発問発想のポイント

本教材は，日常生活の中で何気なく繰り広げられているであろう場面が多いので，子どもたちが問題意識をもちやすくなっています。

そこで，次の２点について授業づくりの軸として生かすようにします。

① 教材を読んで「気になること」「考えたいこと」を事前に調査し，「発問の立ち位置（子どもバージョン）」に当てはめてみる。

② そのときは自己中心的な言動になってしまっても，後に後悔したり，モヤモヤしたりする等の情意面を，自身の経験を語る中で引き出す。

また，自己中心的な，何気ない言動が生む弊害を考えさせることが，いじめ問題等の指導にもつながることから動物たちのそれぞれの立場を考えることを通して「仲間外れ」「一人ぼっち」の構図をおさえつつ，わけへだてなく誰とでも過ごしていくために大切なことを考えられるようにします。

「発問の立ち位置」による発問例

共感的発問

・「およげないからだめ」と言われたりすの気持ちはどうか。
・みんなが遊んでいるのを見て，りすはどんなことを考えただろう。
・かめの背中に乗ったりすはどんな気持ちだろう。

分析的発問

・あひる，かめ，白鳥は，なぜ，「およげないからだめ」と言ったのだろう。
・あひる，かめ，白鳥が少しも楽しくなかったのはどうしてだろう。

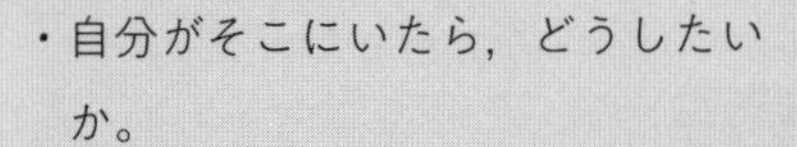

投影的発問

・自分がそこにいたら，どうしたいか。
・自分がりすだったら，「だめ」と言われてどうするか。
・かめの背中に乗ったときどんなことを話すだろう。

批判的発問

・あひる，かめ，白鳥は「およげないからだめ」と言ってよかったのだろうか。
・誰とでも仲良く過ごすためにはどうしたらよいだろう。

上記の他の効果的な発問例

・あひる，かめ，白鳥のように言ってしまったことにどんなことがあるか。
・りすのように，「だめ」と言われてしまったことはあるだろうか。
・このお話の中で，自分に生かしたいと思うのはどんなことか。

／問題追求を生み出す授業構想の例／

1　**主題名**　わけへだてなく　誰とでも

2　**ねらい**　あひる，かめ，白鳥，りす，それぞれの気持ちを考えることを通して，一緒に生活をする難しさやよさを考えながら，わけへだてなく誰とでも一緒に生活をしようとする心情を育てる。

3　**展開の概要**

主な発問と子どもの意識の流れ	配慮事項ほか
1．事前学習をもとに学習をつくっていく。	
誰とでも仲良く過ごすために，どうしたらよいだろう。	
2．教材「およげないりすさん」を読み話し合う。 ①自分がそこにいたら，どうしたいか。　投影	◇気になることや考えたいことを表出させて，問題意識を高める。
②あひる，かめ，白鳥は，なぜ，「およげないからだめ」と言ったのだろう。またそれを言われたりすの気持ちはどうか。　分析　共感	◇それぞれの立場について自分の経験を語りながら考えていく。
❸あひる，かめ，白鳥が少しも楽しくなかったのはどうしてだろう。　分析 ・仲間外れにしてしまったから。 ・自分のことばかりでりすさんの気持ちを考えていなかったから。 ・みんなで遊んだ方がやっぱり楽しい。	◇自身の行動に対する後悔の気持ちや，相手の気持ちを想起させる。
3．誰とでも仲良く過ごすためにどうしたらよいか，考え，話し合う。	◇これからどうしていきたいかを考えられるようにする。
4．今日の学習を振り返って自分が見つけたことや考えたことを書く。	

／授業展開の工夫と実際／

①投影的発問で，「自分事」として考えを掘り起こす

「自分がそこにいたらどうするか」を皆で考えると，りすが一人でいる構図に対して「自分なら一人にしない」「ぼくがみんなを説得する」など，あひるたちへの批判的な心や，りすに寄り添いたい心など，正義感あふれる気持ちが様々に表出されました。

②分析的発問，共感的発問をきっかけに，自身の経験を引き出す

あひる，かめ，白鳥側の立場（仲間外れにした側），りす側の立場（仲間外れにされた側）という構図をおさえつつ，それぞれの立場になったことがあるか経験を想起させ，交流させました。色カードを用いて立場を明らかにした聴き合い活動を通して，様々な経験を語る姿が見られました。誰もがどちらの側にもなりうるという実感や，あひるたちの言動に批判的だった自分自身も，ふと，そういう言動をしてしまうことがあるかもしれないという危機感を感じていました。

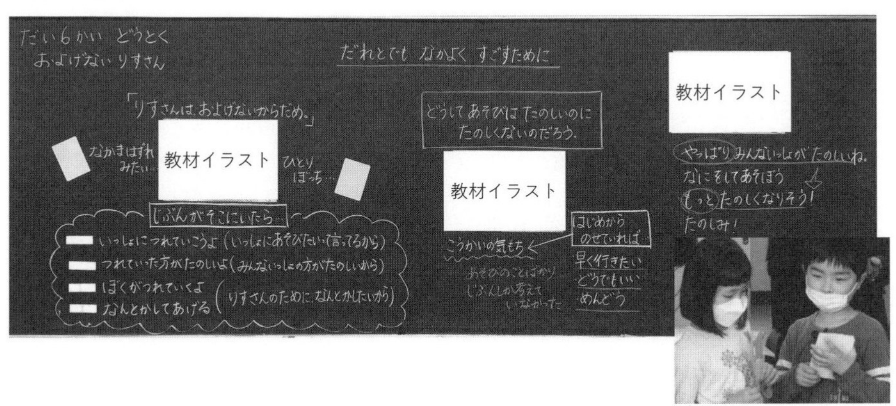

（千田　怜花）

D－(17)生命の尊さ

ハムスターのあかちゃん

使用教科書：東京書籍

教材のあらすじ

ハムスターのお母さんは４匹の赤ちゃんを産んだ。本教材では，その赤ちゃんたちを，お母さんが大切に育てる様子が温かく描かれている。赤ちゃんの体が日に日に大きくなるにつれて，毛が生えてきて，背中の模様が見えてくる。成長する赤ちゃんとそれを見守るお母さんの様子から命の大切さについて考えることができる。

本教材における発問発想のポイント

低学年の子どもたちは，動物や昆虫などの生き物にとても関心があります。また，生き物を育てている子どももいるはずです。したがって，教材の登場人物の気持ちや行動に共感しながら，命の大切さについて話し合う展開が望ましいと考えます。

例えば，まず共感的発問からハムスターのお母さんの気持ちを想像して，赤ちゃんを大切に育てる様子から命の大切さについて考えていきます。次に，「もし自分だったら大きくなっていくハムスターの赤ちゃんにどんな言葉をかけたいか」と投影的発問をします。そのとき，「どうしてそのような言葉をかけたいと思ったか」「自分もそのように思った経験があるか」と問い返し，道徳的価値と関連させたり，自分の経験を想起させたりしながら，多様な考えを引き出していくことができます。

「発問の立ち位置」による発問例

共感的発問

・生まれたばかりの赤ちゃんを見てお母さんはどんな気持ちでいるだろう。
・赤ちゃんが生まれてから10日間，お母さんはどんなことを考えていたか。

分析的発問

・赤ちゃんの小さい体には，どんな力が詰まっているのか。
・お母さんにとって，どうして赤ちゃんは宝物なのか。
・お話の中から命が大切だなあと思うところはどこか。

投影的発問

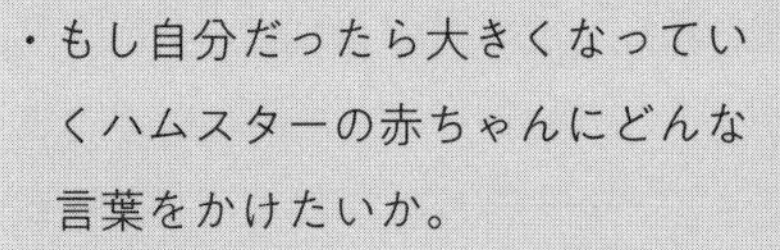

・もし自分だったら大きくなっていくハムスターの赤ちゃんにどんな言葉をかけたいか。
・自分がお母さんだったらどんなことに気をつけて赤ちゃんを育てたいか。

批判的発問

・お母さんは赤ちゃんのお世話をたくさんして大変ではないのか。
・生まれてから10日間，お母さんは心配に思ったことはなかったのか。

上記の他の効果的な発問例

・生き物を育てていて，命が大切だなあと思ったことにどんなことがあるか。
・家族に大切に育ててもらっているなあと思ったことはあるか。
・動物たちの命と自分の命の同じところはどんなことだろう。

／問題追求を生み出す授業構想の例／

1　**主題名**　命のかがやき

2　**ねらい**　ハムスターの親子の関わりを通して，生きることの素晴らしさを知り，生命を大切にしようとする心情を育てる。

3　**展開の概要**

主な発問と子どもの意識の流れ	配慮事項ほか
1．自分の命や相手の命が大切だなあと思ったことはあるか。	◇命に関する具体的なエピソードを引き出し，テーマへと導いていく。
見つめてみよう　自分の命・相手の命。	
2．教材「ハムスターのあかちゃん」を読み話し合う。 ①赤ちゃんが生まれてから10日間，お母さんはどんなことを考えていたか。……共感 ②赤ちゃんの小さい体には，どんな力が詰まっているのか。……分析 ❸もし自分だったら大きくなっていくハムスターの赤ちゃんにどんな言葉をかけたいか。……投影 ・たくさん食べて元気でいてね。 ・ずっと元気でいてくれたら嬉しいよ。 ・次は歩けるといいね。	◇教材の提示後，「お話の中から命が大切だなあと思うところはどこか」と尋ねることでテーマに沿って話合いを進めていくことができる。 ◇②で赤ちゃんの力を想像した上で，❸の発問をすると，子どもも言葉をイメージしやすい。
3．今日の学習を振り返って考えたことや思ったことを交流する。	◇自分の家族との関わりなどにも心を向けさせる。

授業展開の工夫と実際

①共感的発問の中に批判的な問い返しを入れる

教材提示の後,「赤ちゃんが生まれてから10日間,お母さんはどんなことを考えていただろう?」と発問すると,「だんだん大きくなってきて嬉しいなあ」「だんだん毛が生えてきて成長したなあ」等の意見が出されました。そこで,「生まれてから10日間,お母さんは心配に思ったことはなかったのかな?」と問い返すと,「赤ちゃんが勝手にどこかに行って怪我するかもしれなくて心配だった」「心配でなかなか夜も眠れなかったかもしれない」等,お母さんの多様な気持ちや思いが表出されました。

②投影的発問から自分との関わりへつなげていく

中心発問で「もし自分だったら大きくなっていくハムスターの赤ちゃんにどんな言葉をかけたい?」と尋ねると「もっと元気に育ってね」「こんなに大きくなってくれてありがとう」等の意見が出されました。それぞれの発言に対して「これまで,人や生き物の成長にそんな気持ちをもったことがあるかな?」と問い返すと,飼っている生き物や弟や妹の成長を喜んだ経験が子どもたちから様々に出されました。

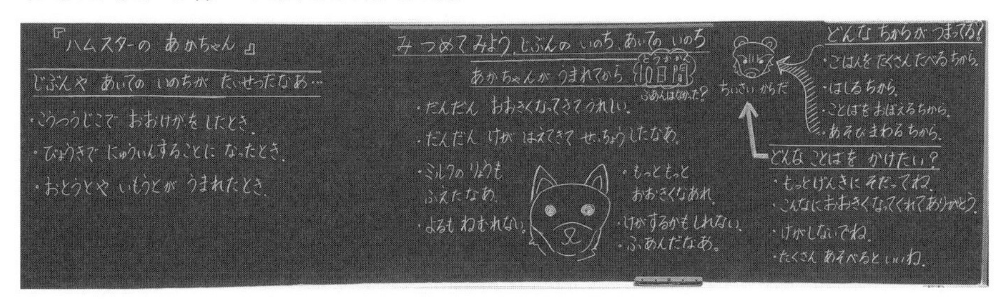

（幸阪　創平）

D－(19)感動，畏敬の念

七つぼし

使用教科書：学研

教材のあらすじ

1人の女の子がひしゃくを持って水を探しに出た。探し疲れて草の上で寝てしまった。ふと目を覚ますと，ひしゃくに水があふれていた。「飲みたい。でも……」女の子は我慢して駆け出した。その後，犬や母親，旅人に水を与えたり，飲ませようとしたりしたことから，木のひしゃくが銀や金に変わり，ひしゃくから七つのダイヤモンドが飛び出す。そして夜空に輝くひしゃくぼしになった。

／本教材における発問発想のポイント／

本教材では，子どもたち自身の感動体験をいくつも想起できます。さらに，自然，情景，人工物など目に見える「美しさ」を感じる心とともに，人の心の美しさを感じることもできます。そこで，学習を通して，「目に見えるものだけでなく，人の心にも美しさがあるんだ」という気付きが生まれ，「美しいもの」の幅が広がるように，以下のような発問構成にしていきます。

① 「目に見える美しさ」に出合った場面の想起とそのときの心情の表出
（目に見える美しさ，感動体験から生まれる心の自覚化）

② 教材を通して考える女の子の心の美しさ
（目に見えない心の美しさへの気付き）

③ ②をきっかけに，自分の心の中にある美しい心を探す
（自己をふりかえり，経験を語る）

「発問の立ち位置」による発問例

共感的発問

・女の子はどんな気持ちで水をあげていたのだろう。
・夜空に広がったひしゃくぼしを，女の子をどんな思いで見ているだろう。

分析的発問

・女の子がそこまでできたのはなぜだろうか。
・なぜひしゃくの中からダイヤモンドが飛び出したのか。
・七つの星に込められた思いはどんなものだろう。

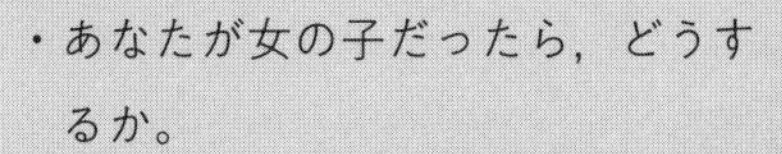

投影的発問

・あなたが女の子だったら，どうするか。
・女の子になって，犬（旅人）に自分の思いを話しかけてみよう。

批判的発問

・このお話の中の「きれいなもの」について，どう考えるか。
・女の子の心も「きれいなもの」の一つと言えるのか。

上記の他の効果的な発問例

・どんなときに，「わぁ～！」「きれい！」「すごい！」など感じるだろう。
・自分の心の中にある「きれいな心」ってなんだろう。
・見えるものだけでなく，見えないものの美しさにも目を向けてみよう。

／問題追求を生み出す授業構想の例／

1　**主題名**　きれいな心

2　**ねらい**　女の子の思いを考えることを通して，目に見えるものだけでなく人の心のきれいさも感じながらすがすがしい心を育てる。

3　**展開の概要**

主な発問と子どもの意識の流れ	配慮事項ほか
1．どんなときに「わぁ！」「きれい！」「すごいなぁ！」と感じるか話し合う。	◇風景，自然，人工物などで心が揺さぶられそうな写真などを提示する。
このお話の「きれいなもの」とはなんだろう。	
2．教材「七つぼし」を読み話し合う。 ①女の子はどんな気持ちで水をあげていたのだろう。……**共感** ②あなたが女の子だったら，どうするか。……**投影** ❸七つの星に込められた思いはどんなものだろう。……**分析** ・やさしい心。　・おもいやりの心。 ・あきらめない心。　・がまんする心。 ほか	◇女の子のようにしたいけれど，できないかもしれないという思いも引き出す。
3．美しい心について考えを深める。 ④自分の心の中にある「きれいな心」ってなんだろう。	◇目に見える美しさだけでなく，目に見えない心の美しさにも着目させる。
4．自分の中にある「きれいな心」について振り返る。	◇七つ星に込められた思いに似た心をもった経験を想起させ語り合う場面をつくる。

╱授業展開の工夫と実際╱

①きれいなものに出合った経験やそのとき感じた心を表出させる

導入時に，自分の感動体験を十分に語らせました。目に見えるものの美しさやそれらに出合ったときの気持ちについても表出させると，「心が落ち着いた」「心がポカポカした」「心がすっきりした」「ニコニコになった」などと語っていました。そのときの気持ちにも焦点をあてることで，そう感じる子ども自身の「心の美しさ」も引き出すことができました。

②分析的発問をきっかけに，自分の中にある経験を掘り起こす

１つの「やさしい心」でも，どこが優しいのか，なぜそう感じたのかを問うようにしました。すると，「女の子の思いが集まって七つ星の美しさにつながっているのかもしれない。人の心もきれいなんだ」という気付きが生まれ，子ども自身が自分の「きれいな心」に目を向け始めました。さらに，経験を語る子どもには，「気付けたあなたの心がきれいだね」と肯定的に受け止めるようにしました。

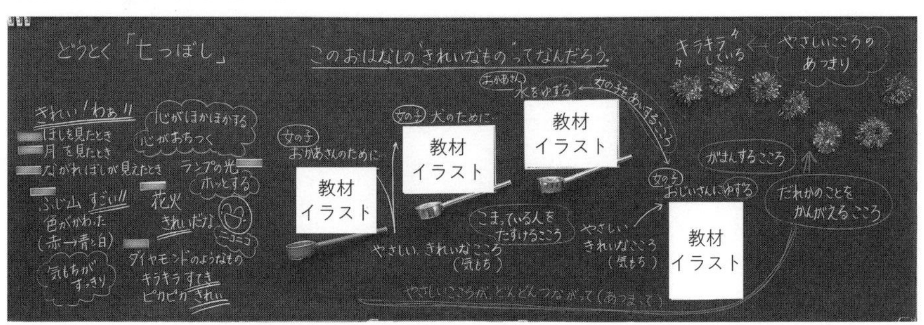

（千田　怜花）

D－(19)感動，畏敬の念

しあわせの王子

使用教科書：学校図書

教材のあらすじ

町の中心に立つ王子像は，体は宝石などで飾られている。ある日，南の国へ向かう途中のつばめが王子が貧しい町の人々の生活に涙を流していることに気付く。王子はつばめに自分の宝石などを貧しい人々へ届けるよう頼む。つばめは王子の優しさに心を打たれ，南の国へ行くことよりも，王子の願いの通り，町の人々のために行動をする。飾りもなくなった王子と，命を落としたつばめを天使が天へ運んでいく。

本教材における発問発想のポイント

本教材から，自分の全てをかけて，町の人たちのために行動する王子やつばめに対して子どもは心を動かすはずです。教材から，「自分のことよりも他者のために行動することがいいことである」というメッセージを受け取る子どももいます。しかし，自分のことを犠牲にすること自体が美しいのだと一面的に考えるようにしてはいけません。

そこで，人のために心から尽くす心の優しさや温かさなど気高いものや崇高なものに触れたことで生まれる尊敬する気持ちや，素直に感動する気持ちをこの授業では大切にしていきたいと考えます。そのためにも，本時の場合は，王子の町の人を思う気持ちに心を動かすつばめに着目をすることで，崇高な思いに感動をする心の美しさに注目できるようにします。

「発問の立ち位置」による発問例

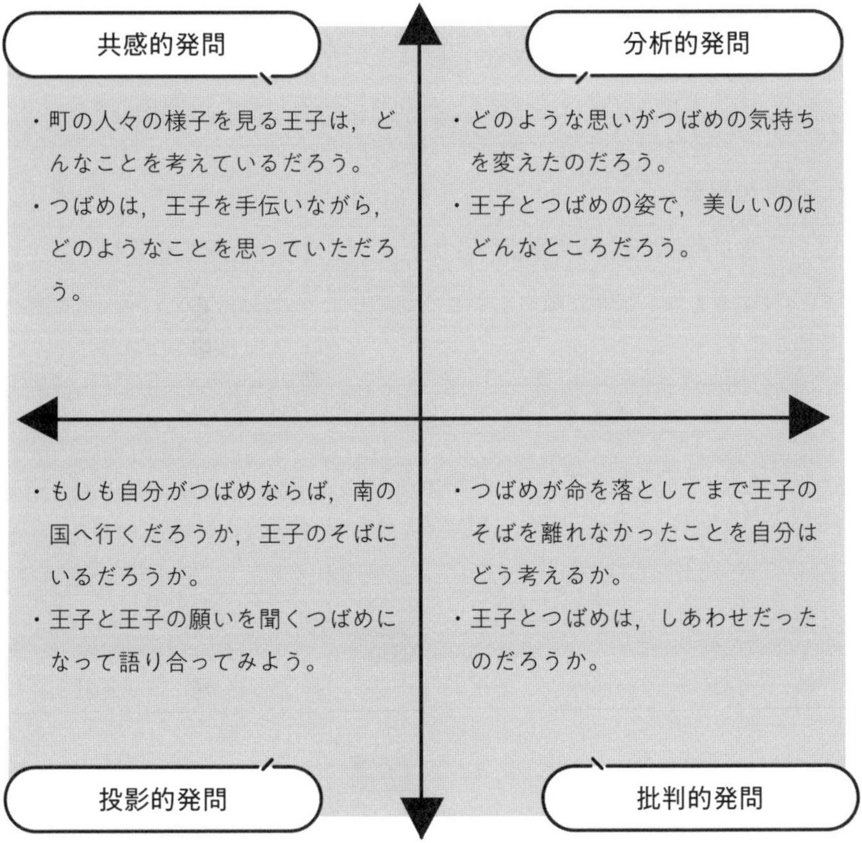

共感的発問

・町の人々の様子を見る王子は，どんなことを考えているだろう。
・つばめは，王子を手伝いながら，どのようなことを思っていただろう。

分析的発問

・どのような思いがつばめの気持ちを変えたのだろう。
・王子とつばめの姿で，美しいのはどんなところだろう。

投影的発問

・もしも自分がつばめならば，南の国へ行くだろうか，王子のそばにいるだろうか。
・王子と王子の願いを聞くつばめになって語り合ってみよう。

批判的発問

・つばめが命を落としてまで王子のそばを離れなかったことを自分はどう考えるか。
・王子とつばめは，しあわせだったのだろうか。

上記の他の効果的な発問例

・「すてきだな」と心が大きく動いたのはどんなことだろう。
・つばめのようにすてきな心に触れたことで，真似したくなったり，自分の考えが変わったりしたことを思い起こしてみよう。

／問題追求を生み出す授業構想の例／

1　**主題名**　美しい心

2　**ねらい**　心の優しさや温かさに触れたことで生まれる尊敬する気持ちや，素直に感動する気持ちに着目し，美しい心に触れ，すがすがしさを感じようとする心情を育む。

3　**展開の概要**

主な発問と子どもの意識の流れ	配慮事項ほか
1.「すてきだな」と心が動いたことについて話し合う。	◇具体的なエピソードを生かして問題を掘り起こす。
「すてきだな」と心を動かして，話し合おう。	
2. 教材「しあわせの王子」を読み話し合う。 ①「すてきだな」と心が大きく動いたのはどんなことだろう。 ②つばめは，王子を手伝いながら，どのようなことを思っていただろう。……共感 ❸(つばめは南の国へ行くことをやめ，王子といることを決めた）どのような思いがつばめの気持ちを変えたのだろう。……分析 ・王子の役に立ちたい。 ・王子のように優しい生き方をしたい。 ・みんなのしあわせを大事にしたい。 ほか	◇王子の心の優しさや温かさに触れ，心が動いたつばめを共感的に捉えられるようにする。
3.「すてきだな」と感じて，つばめのように心が動いたことについて話し合う。	◇美しい心に触れることで，心が揺さぶられるすがすがしさを共有できるようにする。

／授業展開の工夫と実際／

①教材のもつ美しい世界観を十分に感じることができるようにする

BGMを流しながら授業をしたり，王子やつばめの思いや行動に浸ることができるようゆっくり間をとりながら教材を提示したりと，子どもの心を動かす場を創り出すようにします。

教材提示後，一つ目の発問まではゆっくりと間を開け，「すてきだな，と心が動いたところはありましたか」と問い，美しいものを「美しい」と感じることができる子どもの純粋な感性を大切に受け止めながらその後の展開を進めていきます。

②美しさを感じる心を磨く終末を

美しいものに触れ，すがすがしさを感じる心を磨く１時間として授業を展開します。自分の身近にある美しいものを探してみよう，感じてみようとする意欲を高め，授業を終えるようにしたいと考えます。そのためにも，心が動いた経験を話し合う時間を十分に設け，互いの意見を聞き合うことを大切にします。

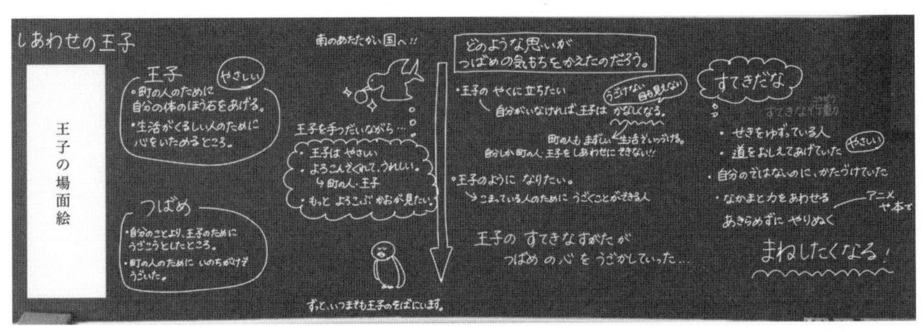

（箱﨑　由衣）

A－(1)善悪の判断，自律，自由と責任

よわむし太郎

使用教科書：光村図書

教材のあらすじ

背が高く，力が人一倍ある太郎は，からかわれたりいたずらをされたりしても笑っていたので，子どもたちから「よわむし太郎」と呼ばれていた。ある日，狩りの好きな殿様が，子どもたちの大切にしている白い鳥に向けて弓を構えると，太郎は弓矢の前に立ち，「助けてほしい」と懇願する。太郎の姿を見た殿様は，弓を下ろし帰っていった。子どもたちは，太郎の周りに走り寄るのだった。

／本教材における発問発想のポイント／

中学年の子どもは，日常生活のある程度の場面で善悪の判断がつくようになってきます。しかし，正しいと判断しても，行動に移せなかったり，周囲に流されてしまい，誤った行動をとってしまったりすることもあります。

本教材においては，まず，殿様の構える弓矢の前に立ちはだかる太郎になって考える役割演技を通して，太郎が抱える不安や怖さなどに共感させます。その上で，太郎の行動を分析的に問うことで，太郎の行動を支えた思いなどに気付けるようにします。

展開の後半から終末にかけては，正しいと判断したことを行動に移せた太郎をどう思うかと問うた上で，太郎から学んだことを基に，太郎への手紙を書く活動を通して，正しいと判断したことを行動に移すことの素晴らしさを改めて感じ，大切にしていこうとする態度を育みます。

「発問の立ち位置」による発問例

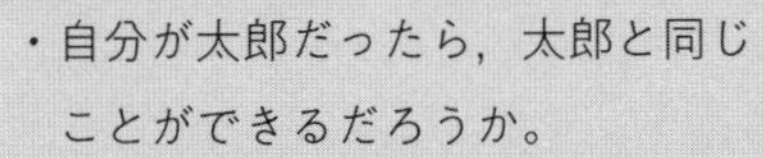

上記の他の効果的な発問例

・正しいとわかっているのに，行動できないときがあるのはなぜだろう。
・自分の中に，よいと思ったことを行おうとする心の強さは，どのぐらいあるだろうか。

／問題追求を生み出す授業構想の例／

1　**主題名**　自信をもって行う素晴らしさ

2　**ねらい**　正しいと判断したことを行う難しさや素晴らしさについて考え，正しいと判断したことを，自信をもって行おうとする態度を育む。

3　**展開の概要**

主な発問と子どもの意識の流れ	配慮事項ほか
1．正しいと判断したことを行う難しさについて話し合う。	◇いくつかの事例について考えさせ，具体的にイメージできるようにする。
正しいと思うことをするためには，どんな心が大切？	
2．教材「よわむし太郎」を読み話し合う。 ①殿様の前に立ちはだかったときの太郎は，どんなことを考えていたのだろう。……**共感**	◇役割演技を取り入れることで，太郎へ共感しやすいようにする。
❷殿様に大声を出されたのに，どうして太郎は動かなかったのか。……**分析** ・怖いけど，動いたら鳥がしとめられて，子どもたちが悲しむから。 ・逃げ出したら後悔するから。　ほか	◇太郎へ共感した際の意見も取り上げ，太郎が大切にした思いについて考えを深められるようにする。
③正しいと思うことをやり遂げた太郎のことをどう思うか。……**批判**	◇太郎への称賛等から，道徳的価値の理解が深められるようにする。
3．これからの自分に生かせることを考える。 ④太郎からどのようなことを学んだか。	
4．正しいと判断したことを行う素晴らしさについて，各自の思いを手紙にまとめる。	◇太郎への手紙を書くことを通して，今後の生活へとつなげられるようにする。

授業展開の工夫と実際

①役割演技を通して，太郎の心情に共感させる

正しいと判断したことを行動に移す難しさを考えられるようにするため，太郎が弓を構える殿様の前に立ちはだかった場面で，役割演技を通して考えさせます。その際，「怖くなかったのか」「危ないから助けに行かない方がいいのではないか」と問い返すことで，太郎が抱えている不安や怖さに共感できるようにします。この共感があってこそ，本時の道徳的価値を実現することの素晴らしさについて考えをより深めていくことができます。

②批判的発問で道徳的価値の実現へ向けたあこがれをもたせる

「正しいと判断したことをやり遂げた太郎をどう思うか」と問うことで，子どもから称賛等の言葉を引き出します。その言葉は，本時の道徳的価値を実現することの素晴らしさであると言えます。

その素晴らしさに改めて気付いた子どもは，太郎への手紙を書きながら，自分の生活を振り返りつつ，ねらいに対する思いを温め，道徳的価値の実現に向けた実践意欲や態度を育んでいくようになるはずです。

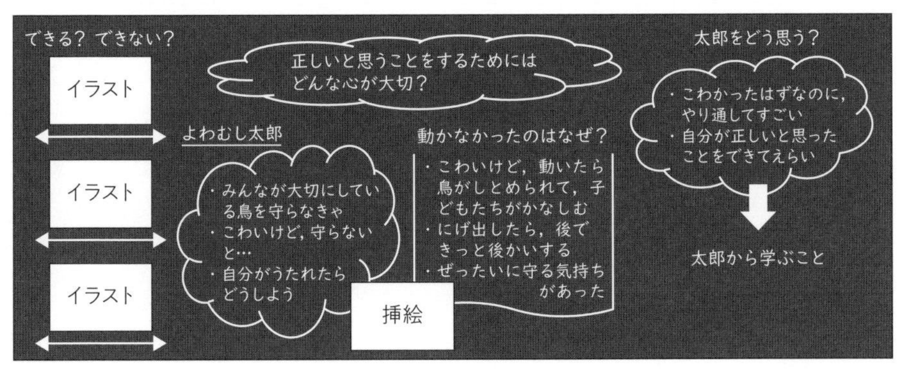

（後藤　和之）

中学年

A－(2)正直，誠実

まどガラスと魚

使用教科書：日本文教出版

教材のあらすじ

千一郎の投げたボールがよその家のまどガラスを割ってしまう。千一郎はまどガラスを割ってしまったことを気にしながら謝るかどうか逡巡してしまう。千一郎は家の魚を盗んだ，よその猫と出会う。その猫の飼い主が鯵の干物を持って謝りに来る。そして千一郎は母に正直によその家のガラスを割ったことを話し，謝罪に出かける。するとその家の方は正直に謝った千一郎を許し，ボールを返してくれる。

本教材における発問発想のポイント

本教材では，自分の過ちを素直に認めず，謝罪できない人間の弱さを描いています。具体的には，登場人物が他の人の謝罪を見ることを契機に，気持ちを入れ替え，正直に自分の過ちを認め，謝罪し，許されるという展開です。このことから，正直に謝罪することのよさについて考えられます。

正直に謝罪することのよさは，なかなか謝れない人間の心の弱さとの対比で捉えることができます。ここでは，登場人物の弱さを共感的，分析的に捉えた上で，謝罪することのよさを投影的に，また批判的に考えることで，正直，誠実に行動することの大切さに気付くことができます。本教材では，主観的に捉える側面と客観的に捉える側面が話し合われることが予想されるので，正直，誠実について，多面的に捉えることができます。

「発問の立ち位置」による発問例

共感的発問

- 千一郎は張り紙を見てどんな気持ちになっただろう。
- 猫の飼い主が来たとき，千一郎はどんなことを考えただろう。
- 母にまどガラスを割ったことを話したときの気持ちはどうだろう。

分析的発問

- 千一郎が謝れないのはどんな気持ちが邪魔しているのだろう。
- なぜ千一郎は鯵の大きな目で見つめられたように思ったのだろう。
- 千一郎が謝ることができたのはどうしてだろうか。

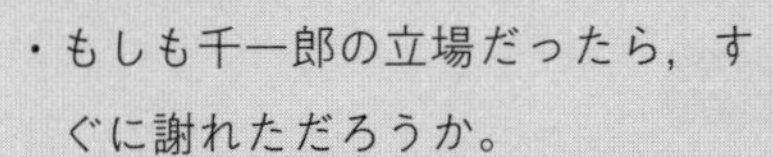

投影的発問

- もしも千一郎の立場だったら，すぐに謝れただろうか。
- 穴が空いたまどや張り紙，鯵の干物を見て，自分だったらどんな気持ちになるだろう。
- もし自分がそこにいたら，おじいさんになんと言って謝るだろう。

批判的発問

- すぐに謝らない千一郎は，そのままでいいのだろうか。
- まどガラスを割ったことを気にしているのに，謝る勇気が出ない千一郎をどう思うか。

上記の他の効果的な発問例

- 謝れないときと謝ることができるときの気持ちの違いは何だろう。
- 素直になれたこと，謝れたことを思い起こしてみよう。
- 自分の心に正直になるとは，どんなことだろう。

問題追求を生み出す授業構想の例

1　**主題名**　素直に謝るために

2　**ねらい**　自分の過ちを認め，素直に謝ろうとする気持ちを育てる。

3　**展開の概要**

主な発問と子どもの意識の流れ	配慮事項ほか
1．謝れないときと謝ることができるときの気持ちの違いについて話し合う。	◇謝った経験，謝れなかった経験などを引き出すようなアンケートをする。
謝るために自分はどうする？	
2．教材「まどガラスと魚」を読み話し合う。 ①千一郎が謝れないのはどんな気持ちが邪魔しているのだろう。……分析 ②千一郎が謝ることができたのはどうしてだろうか。……分析 ❸もし自分がそこにいたら，おじいさんになんと言って謝るだろう。……投影 ・まどガラスを割ってごめんなさい。 ・すぐに謝れなくてごめんなさい。 ・謝らなければいけないのに，遅くなったのはこんなわけです。　ほか	◇導入で謝った気持ちについて考えたことを生かして，千一郎の気持ちを推測し，人間の弱さを話し合う。 ◇導入で謝れない気持ちについて話し合ったことを生かして，千一郎が謝るようになった契機になる猫の飼い主が謝罪に来たときのことを考えさせる。
3．謝る気持ちについて考え，話し合う。 ④謝るために必要なのはどんな気持ちだろう。 **4．正直になるために大切なことについて自分なりにまとめる。**	◇おじいさんへの言葉かけを役割演技で考えることで，何を謝るかを明確にして，謝る気持ちをより具体的に考えられるようにする。

授業展開の工夫と実際

①登場人物の行動を客観的に捉えて問題点を多面的に話し合う

千一郎が謝れないことを批判的に捉える考え方は言いやすく，他人事のように問題点を明らかにすることができます。しかしここでは，謝ることができた千一郎について分析的に話し合うことで，千一郎が抱える人間の弱さを乗り越えていくための原動力を明らかにして，謝るために必要なことを多面的に深めていくようにします。

②投影的発問による役割演技を通して話合いのテーマを多角的に捉える

投影的発問によって，登場人物になって謝る役割演技をすることで，話合いのテーマに対するそれぞれの価値観を出し合い，深めていくことができます。そして，客観的に捉え話し合ったことを生かして，あらためて主観的に，自分のこととして考えることができます。

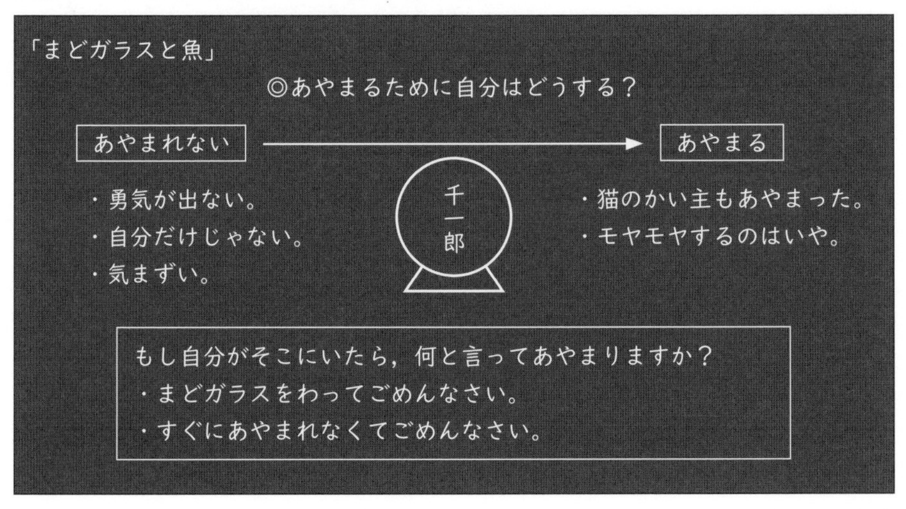

（佐藤　淳一）

A－(3)節度，節制

金色の魚

使用教科書：日本文教出版

教材のあらすじ

昔，貧しい漁師のおじいさんが漁をしていると金色の魚がかかった。金色の魚は好きなものをあげるから逃がしてほしいとおじいさんに頼む。おじいさんは何もいらないと言ったが，おばあさんは次から次へと欲しいものを要求する。おじいさんがそのたびに金色の魚に頼むと欲しいものがもらえ，裕福になる。しかしおばあさんが海の王様になりたいというと金色の魚はいなくなり，おばあさんも元の貧しい姿に戻ってしまう。

本教材における発問発想のポイント

この寓話は，人間の果てしない欲深さを戒める訓話です。しかし，子どもにとって身近ではなく，登場人物の気持ちに共感しにくいことが予想されます。そのため，客観的に捉える分析的発問で話し合い，自らの欲が強くなってしまったり，やめられなくなったりする経験を想起させて，この教材から学ぶ教訓は何かを明らかにしていきます。

また，強欲なおばあさんと対比的に描かれているおじいさんは，女王になりたいというおばあさんに対して欲張りすぎだと戒めています。自分の置かれた状況について考え，程よい生活は何かを考える象徴的な場面なので，子どもにとって程よい生活とは何かを考えるきっかけになります。「もし，おばあさんがほどほどにしていたら」と話し合うことも考えられます。

「発問の立ち位置」による発問例

共感的発問

・おばあさんは，自分の願いが叶ってどんな気持ちかな。
・元の生活に戻ったおばあさんの気持ちはどんなだろう。
・おじいさんは，どんな気持ちで金の魚に欲しいものを伝えたのかな。

分析的発問

・おばあさんのよくないところはどんなところだろう。
・金色の魚は，どうして願いを叶えなかったのだろう。

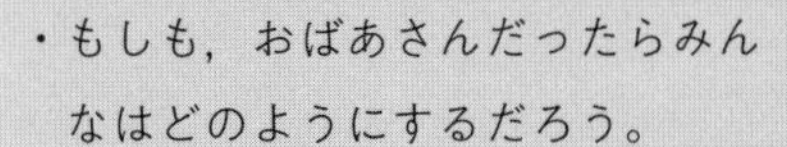

投影的発問

・もしも，おばあさんだったらみんなはどのようにするだろう。
・おじいさんになって，おばあさんのことを止めてみよう。
・元の生活に戻ったおばあさんになって，自分の気持ちを話そう。

批判的発問

・欲しいものを次々と言うおばあさんのことをどう思うか。
・貧しくなったおばあさんのことをどう思うか。
・おじいさんが欲張り過ぎだとやめさせていたらどうだろう。

上記の他の効果的な発問例

・人間の欲はどうして止まるところを知らないのだろう。
・この話から自分の生活に生かせることはどんなことだろう。
・自分の中に，おばあさんの考えたような欲は，どのぐらいあるだろう。

／問題追求を生み出す授業構想の例／

1　**主題名**　節度を守るために

2　**ねらい**　欲しがる気持ちをおさえるために，どんな気持ちが大切なのか話し合い，節度を守ろうとする気持ちを育てる。

3　**展開の概要**

主な発問と子どもの意識の流れ	配慮事項ほか
1．お金がたくさんあったら，どうするか話し合う。	◇具体的なエピソードから，教材につなげる。
ほどほどにするために。	
2．教材「金色の魚」を読み話し合う。	
①欲しいものを次々と言うおばあさんのことをどう思うか。……批判	◇導入からの流れと合わせて，自由に意見を出させる。
❷おじいさんになって，おばあさんのことを止めてみよう。……投影	◇金色の魚が，気付かせたいことは何か明らかにする。
③元の生活に戻ったおばあさんの気持ちはどんなだろう。……共感 ・ほどほどにしておけばよかった。 ・調子に乗りすぎてしまった。 ・最初の自分がよくなかった。	◇節度を守るために大切なことは何か共感的に捉えて，心のブレーキの強さを，いくつかに分けて整理する。
3．この話から学ぶことは何か話し合う。	
④この話から自分の生活に生かせることはどんなことだろう。	◇お話と自分の生活がつながるようにする。

授業展開の工夫と実際

①客観的に考える批判的発問から，主観的に捉える投影的発問へ

おばあさんのように海の王様になろうとするのは，あまりにも身の程知らずで，分不相応であることは明白です。そこで当たり前のことから話合いを進めて，この話の問題点について考えていくようにします。そしておじいさんが止めようとしている時点でやめておけば，ほどほどのよい暮らしができたということから，おじいさんの立場での投影的な発問として，おばあさんを何とかしてやめさせようとする役割演技を行い，節度を守る大切さについて考えを深めるようにします。

②共感的発問から節度のある生活につながる考えを深める

おばあさんの後悔する気持ちや反省する気持ちについて話し合うことを通して，自分の生活に生かせること，この話から学ぶことは何かを明確にしていくようにします。寓話での教訓を自分の生活につなげることを段階的に示すことで，教材から学ぶ道徳的価値の理解を深めやすくなります。

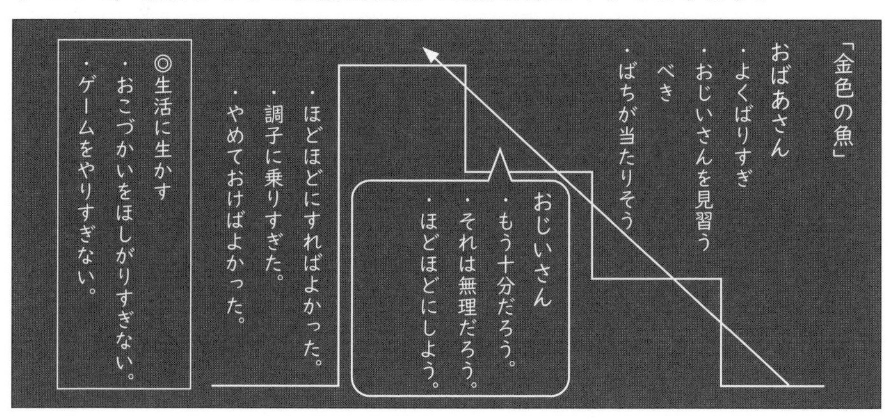

（佐藤　淳一）

B −（6）親切，思いやり

心と心のあく手

使用教科書：学研

教材のあらすじ

学校からの帰り道に「ぼく」は，重そうな荷物を持ったおばあさんを見かける。迷った「ぼく」は，おばあさんに手伝いを申し出るが，断られてしまう。その後，お母さんからおばあさんが歩く練習をしていると聞いた「ぼく」は，数日後にまたおばあさんを見かける。そして，自分に何ができるか考え，声をかけずにおばあさんの後ろをついて歩き，おばあさんが家に着くまで見届けた。

本教材における発問発想のポイント

親切について，多くの子どもは「○○をしてあげる」というように相手のために具体的な行動をするといったイメージをもっています。しかし，この教材のように「相手のことを思い，（あえて）何もしない」ことも，親切の一面です。この教材を扱うときは，親切とは「相手のことを考える」ことが大切であると子どもが気付くような授業展開を意識するとよいでしょう。

この教材では，自分にできる精一杯のことをやろうとした「ぼく」の心情を共感的に捉えさせることが大切です。声をかけたときも，後ろをついて歩いたときも，「ぼく」は迷いながらもおばあさんのことを第一に考えて行動しています。話合いを通して，葛藤から決断に至るまでの過程そのものの尊さを実感できるようにすると，一人ひとりの価値観がより深まります。

「発問の立ち位置」による発問例

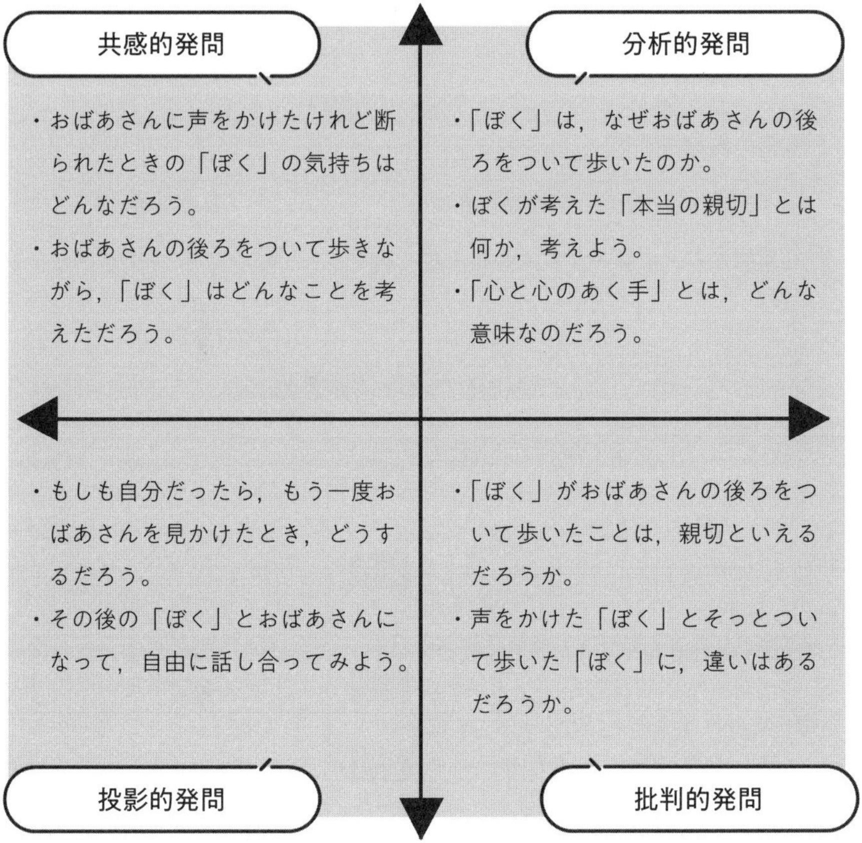

共感的発問

・おばあさんに声をかけたけれど断られたときの「ぼく」の気持ちはどんなだろう。
・おばあさんの後ろをついて歩きながら，「ぼく」はどんなことを考えただろう。

分析的発問

・「ぼく」は，なぜおばあさんの後ろをついて歩いたのか。
・ぼくが考えた「本当の親切」とは何か，考えよう。
・「心と心のあく手」とは，どんな意味なのだろう。

投影的発問

・もしも自分だったら，もう一度おばあさんを見かけたとき，どうするだろう。
・その後の「ぼく」とおばあさんになって，自由に話し合ってみよう。

批判的発問

・「ぼく」がおばあさんの後ろをついて歩いたことは，親切といえるだろうか。
・声をかけた「ぼく」とそっとついて歩いた「ぼく」に，違いはあるだろうか。

上記の他の効果的な発問例

・「親切な人」とは，どのような人のことだろう。
・この場面と似たような自分たちのできごとを交えよう。
・「本当の親切」というときの「本当の」とはどんなことだろう。

／問題追求を生み出す授業構想の例／

1　**主題名**　親切とは何か

2　**ねらい**　相手のことを思いやりながら自分に何ができるか考え，進んで親切な行為をしようとする心情を育てる。

3　**展開の概要**

<table>
<tr><th>主な発問と子どもの意識の流れ</th><th>配慮事項ほか</th></tr>
<tr><td>1．「親切な人」とは，どのような人だと思うか。</td><td>◇親切についてのイメージを広げることで，学習への方向づけを図る。</td></tr>
<tr><td colspan="2">「親切」について考えよう。</td></tr>
<tr><td>2．教材「心と心のあく手」を読み話し合う。
①おばあさんに声をかけたけれど断られたときの「ぼく」の気持ちはどんなだろう。……共感
②おばあさんの後ろをついて歩きながら，「ぼく」はどんなことを考えただろう。……共感
❸声をかけた「ぼく」とそっとついて歩いた「ぼく」に，違いはあるだろうか。……批判
・そっとついて行った「ぼく」は，おばあさんの本当の気持ちをわかっている。
・どちらの「ぼく」も，おばあさんのことを考えている。</td><td>◇①と②の発問に対する自分の考えをベン図の左右に分けて記入させ，共通する思いを重なりの部分に記入できるようにする。ベン図は，ICT のソフトを活用してもよい。
◇どちらの「ぼく」も，相手のことを一生懸命考えている点などを押さえる。</td></tr>
<tr><td>3．親切について，自分の経験を振り返る。
④「ぼく」と同じ親切をしたことがあるか。
4．「親切な人」について，自分の新たに見つけた考えを記入する。</td><td>◇導入と結び付けて考えられるようにする。</td></tr>
</table>

／授業展開の工夫と実際／

①思考ツールを活用して理解を深め，価値観を育む

思考ツールのベン図を活用します。おばあさんに声をかけたときの「ぼく」の気持ちと，おばあさんの後ろをついて歩いた「ぼく」の気持ちを，それぞれ共感的に考えます。そして，その２つの気持ちに共通する思いを重なりの部分に記入します。この重なりの中に相手のことを一生懸命考える「ぼく」の姿が浮かび上がります。

② ICT を活用して考えの共有を図る

ICT において思考ツールを活用することで意見の共有がしやすくなります。例えばロイロノート・スクールでは，シンキングツール機能でベン図を使い，考えを記入して提出させると，全員の考えを画面の中で共有できます。また，選択して紹介することで，意図的指名に生かすこともできます。

このように，考えの共有を図ることによって，「自分と同じ考えの子がいる」「こういう考え方もあるのか」といった気付きにもつながります。

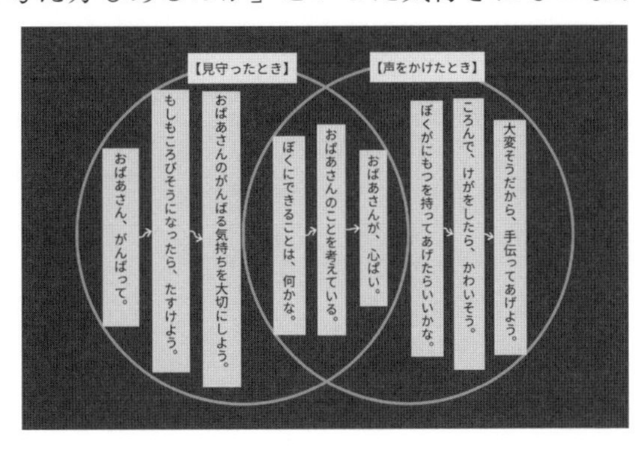

ロイロノート・スクールの例

（前田　良子）

B－(9)友情，信頼

泣いた赤おに

使用教科書：学研

教材のあらすじ

人間と仲良くなりたい赤鬼のために，青鬼が芝居を打つ提案をする。赤鬼は躊躇するが，青鬼に連れられて村へ下りていく。村で暴れる青鬼を懲らしめ，優しい鬼だと思わせることで，赤鬼は人間からの信頼を得て，仲良くなることができる。しかし，青鬼は赤鬼が人間に疑われないように赤鬼のもとを去る。そして，赤鬼は去った青鬼の家に貼られた紙を読み，青鬼を思って涙を流す。

／本教材における発問発想のポイント／

子どもが本教材を読むと，「青鬼のしたことっていいことなのかな？」や「赤鬼が涙を流していて，悲しい」「２人はよい友達だと思う」「結局，離れ離れになってしまった２人はよい友達なのか？」ということを，心に残したり，疑問に思ったりすると考えられます。

そこで，子どもの問題意識に沿った発問の視点として，「①青鬼の提案について」「②赤鬼が貼り紙を見て涙したことについて」「③２人の友達としての関係について」があると考えます。この３点について，発問の立ち位置の４区分で発問を発想していきます。

また，内容項目「友情，信頼」は，Ｂの「主として人との関わりに関すること」です。赤鬼，青鬼の１人ずつに焦点をあてて発問するだけでなく，２人の関係について，発問していくことも大切です。

「発問の立ち位置」による発問例

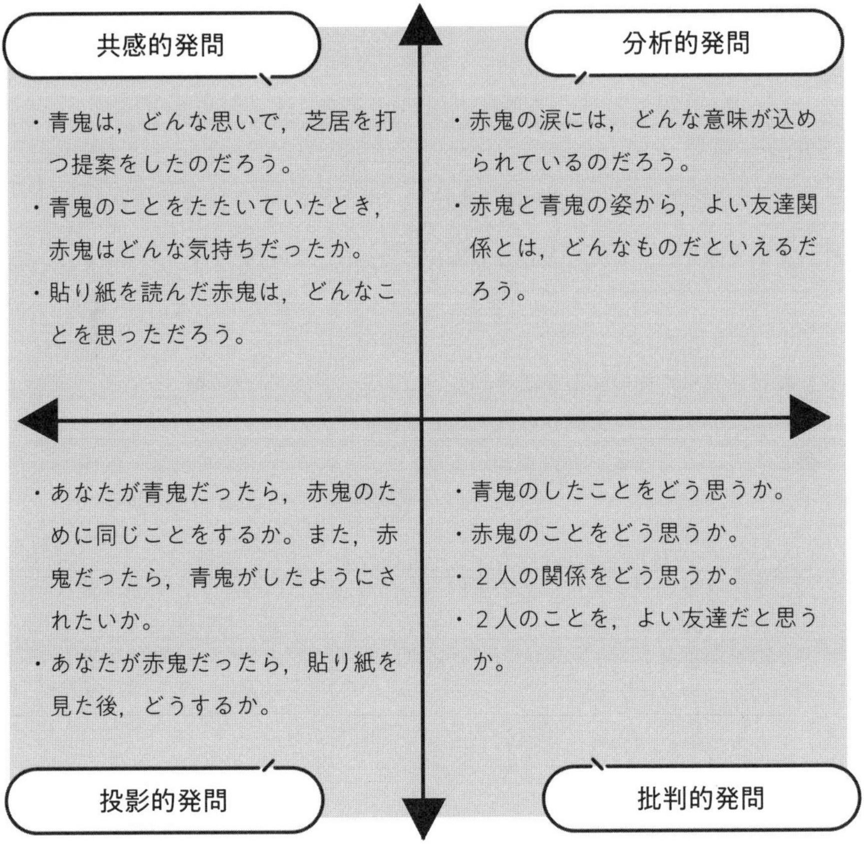

上記の他の効果的な発問例

・よい友達とは，どんな友達を言うのだろう。
・お話を読んで，心に残ったことや疑問に感じることはどんなことか。
・青鬼や赤鬼のこんな気持ちは，みんなもわかる？　こういうことある？

／問題追求を生み出す授業構想の例／

1　**主題名**　よい友達って，どんな友達？

2　**ねらい**　「よい友達」を視点に赤鬼と青鬼の友達関係を考え，自分の友情観を磨き，友達を大事にしようとする態度を育てる。

3　**展開の概要**

<table>
<tr><th>主な発問と子どもの意識の流れ</th><th>配慮事項ほか</th></tr>
<tr><td>1．よい友達とは，どんな友達か話し合う。</td><td>◇友達のイメージを出す。</td></tr>
<tr><td colspan="2">よい友達って，どんな友達？</td></tr>
<tr><td>2．教材「泣いた赤おに」を読み話し合う。
①心に残ったことや疑問はどんなことか。
❷２人のことを，よい友達だと思うか。　批判
よい友達だと思う
・青鬼は自分のことよりも赤鬼のことを考えて行動している。
・赤鬼は青鬼が本当の友達だと気付いた。
よい友達だと思わない
・青鬼の思いが赤鬼には通じていなかった。後から気がついた。
・お互いの気持ちをわかり合っていない。
③赤鬼と青鬼の姿から，よい友達関係とは，どんなものだといえるだろう。　分析
3．自分の友達関係について考える。
④友達についてどんなことを考えたか（自分は相手とよい友達関係を築けているか。どんな友達関係を築いていきたいか）。</td><td>◇テーマの「よい友達」で，２人の関係を考えていく。
◇批判的に発問し，友達観を出し合い，広げていく。
◇導入の「よい友達」に対するイメージを生かして，問い返していく。

◇多様な考えにふれ，自分の友達観を再構築する。
◇教材を通して磨かれた友達観をもとに自分のことを振り返ったり，今後のことを考えたりする。</td></tr>
</table>

／授業展開の工夫と実際／

①導入で，「よい友達」に対するイメージのテキストマイニングを示す

「よい友達とは，どんな友達か？」と聞かれると，子どもたちからは「いつも一緒に遊ぶ」や「やさしい」「お互いのことを理解し合っている」などの考えが出されると思います。

育てる 受け入れる 聞く 話す 信じる 思う 親友 信頼 一緒 心 やさしい わかる めんどい いい けんか 相談 遊ぶ くれる ずっと一緒 仲直り 親しい 助け合う 楽しい 仲よし 合う 支える 仲間 分かる 話せる

※ユーザーローカル AI テキストマイニングツールで分析

ICT を活用し，アンケートに入力された考えをテキストマイニング化する（図を参照）ことで，単語の頻出頻度等で全体の傾向を知ることができます。

②導入の「よい友達」に対するイメージを問い返しに生かす

「泣いた赤おに」の教材には，中学年の子たちの友達に対するイメージとは少し違う友達観が描かれていると思います。導入で出された友達のイメージは，赤鬼・青鬼の関係を比較して,「一緒にはいれなくなったから，２人はもう友達ではないのか？」や「青鬼はやさしかったけど，どう思う？」「２人はお互いのこと理解し合っているのかな？」と，問い返しに生かします。

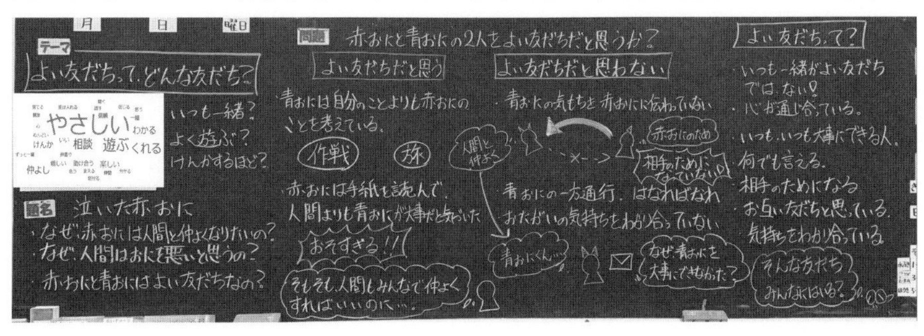

（杉本　遼）

B－(9)友情，信頼

絵葉書と切手

使用教科書：学研

教材のあらすじ

ひろ子は，転校した友達の正子から素敵な絵葉書をもらった。しかしその絵葉書は，定形外のため料金が不足していた。料金不足を正子に伝えた方がいいと言った兄に対して，母親は絵葉書が届いたことを伝えるだけでいいと言う。どちらにするか迷った末，「他の人にも同じように絵葉書を送るかもしれない」と考えたひろ子は，正子に料金不足を伝えようと決め，返事を書き始めた。

本教材における発問発想のポイント

中学年になると，一緒に遊んで楽しい時間を共有できる友達の存在は，子どもにとって大きなものとなります。それ故に，「嫌われたくない」という思いが強くなり，何かあっても自分の気持ちを伝えられなくなってしまう，といったことも起こります。

そこで，友達とよりよい関係を築くためには，どうすればよいか自分で判断する力を育てていくことが大切です。その力を育てるために，この「絵葉書と切手」を通して，友達のことを思う気持ちにはいろいろあることを学び，考えを深められるようにします。

友達のために何かしようとする思いに間違いなんて存在しないことに気付き，話合いを通して友情を深めることのよさを実感できるようにします。

「発問の立ち位置」による発問例

共感的発問

・絵葉書をもらったときひろ子は，どんなことを思っただろう。
・返事を書き始めたとき，ひろ子はどんなことを考えているだろう。

分析的発問

・お母さんとお兄さんは，それぞれ何を大切にしていたのだろう。
・ひろ子は，どんな返事を書くだろう。ひろ子が大切にした考えを生かして書いてみよう。

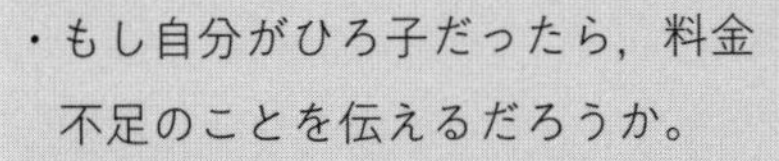

投影的発問

・もし自分がひろ子だったら，料金不足のことを伝えるだろうか。
・自分がひろ子の立場ならば，お母さんとお兄さんのどちらの考えに近いだろうか。

批判的発問

・お兄さんとお母さんの２人の考えについて，どう思うか。
・料金不足を伝えようと決めたひろ子は，正子にとってどんな友達だと思うか。

上記の他の効果的な発問例

・友達に言った方がいいか言わない方がいいか，迷ったことはあるか。
・友達と関わるときに大事にしてきたことはどんなことか振り返ろう。
・この話と同じような思いになったできごとを経験したことがあるか。

／問題追求を生み出す授業構想の例／

1　**主題名**　大切な友達のために

2　**ねらい**　友達を大切に思う気持ちにはいろいろあると気付き，よりよい関係を築くために自分はどうすればいいか判断する力を育てる。

3　**展開の概要**

主な発問と子どもの意識の流れ	配慮事項ほか
1．友達に言った方がいいか言わない方がいいか，迷ったことについて経験を振り返る。	◇自分の経験とひろ子の迷いとを結びつけられるようにする。
友達のためにできることは。	
2．教材「絵葉書と切手」を読み話し合う。	
①絵葉書をもらったときひろ子は，どんなことを思っただろう。……共感	◇絵葉書をもらったときの嬉しい気持ちにひたらせる。
②お母さんとお兄さんは，それぞれ何を大切にしていたのだろう。……分析	◇どちらも相手のことを考えていることに着目させる。
❸もし自分がひろ子だったら，料金不足のことを伝えるだろうか。……投影 ・正子を傷つけたくないので，伝えない。 ・自分だったら教えて欲しいから伝える。	◇名前カードを黒板に貼らせ，考えを共有する。 ◇ ICT を使い，自分が選んだ立場によって色分けをして理由を書かせる。
3．２人の友情で生かせることを考える。 ④友達と関わるときに，自分が大事にしてきたことを振り返ろう。	
4．友達に関わる詩を読んで，考えを整理する。	◇関洋子さんの「友だち」という詩を読む。

授業展開の工夫と実際

①お母さんとお兄さんの2人の思いに触れ，葛藤をより自分事に

この教材では，ひろ子は迷いながらも正子に料金不足を伝えようと決めます。中心発問での葛藤をより自分事として考えさせるためには，ひろ子の決断が子どもの目に「正解」と映らないように留意しなければなりません。

そのため，中心発問の前に，お母さんとお兄さんのそれぞれの思いを考えさせます。すると，どちらも正子のことを考えていることがわかります。それを踏まえた上で自分だったらどうするか判断することは，ひろ子の葛藤をより自分事として捉えることにつながります。

②名前カードやICTを使い，一人ひとりの考えに触れる

中心発問では，黒板に名前カードを貼ったり，ICTを使って自分が選ぶ立場によって色を変えて考えを書いたりする活動をします。

この活動を通して子どもたちは，他の子の考えに触れることができます。「自分とは違うけれど，納得できる」「同じ考えの子は少ないけれど，自分の考えは譲れない」など，多くの気付きがあり，活発な議論につながります。

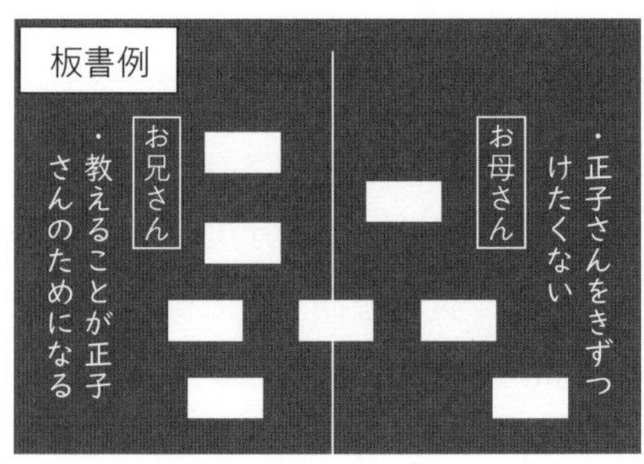

自分の考えに近い所に名前カードを貼る

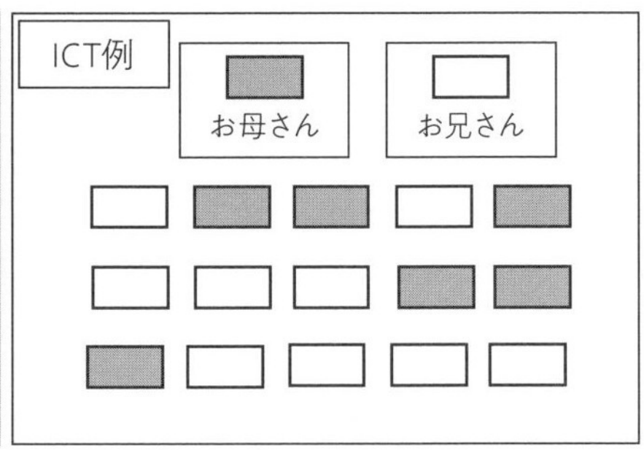

一覧を写すことで，共有できるようにする

（前田　良子）

中学年

B－(９)友情，信頼

貝がら

使用教科書：学研

教材のあらすじ

新学期になり，「ぼく」の隣には，転校してきたばかりの中山君が座ることになったが，中山君は誰とも話さない。図工の時間に中山君が絵の説明をしたとき，聞きなれない言葉遣いだったため，話さない理由がわかる。「ぼく」が学校を休むと，中山君がお見舞いに来た。中山君がくれた貝がらを見ながら「ぼく」は，中山君ときっと仲良しになれると思うのだった。

本教材における発問発想のポイント

友情，信頼の内容項目については，考える対象が自分（主人公）と相手（友達）の二者になります。特に，中学年からは互いに理解し合うという内容も入るため，両者について考えていくことが大切です。

本教材には，転校生であり，方言を気にする中山君と「ぼく」との関係が描かれています。何も話さない中山君が，図工の時間に方言を笑われたことで，また話さなくなりますが，そのときの「ぼく」の心情を共感的に問うた後，「ぼく」をお見舞いに来た中山君の行動を分析的に問うことで，互いに理解し合おうとしていることに気付かせる発問構成としました。

また，教材に描かれていない，今後の２人の関係性を問うことで，理解し合おうとした２人ならばこそ，きっと，仲のよい友達になるであろうと想像しながら，自分の友達観を見つめ直せるようにしました。

「発問の立ち位置」による発問例

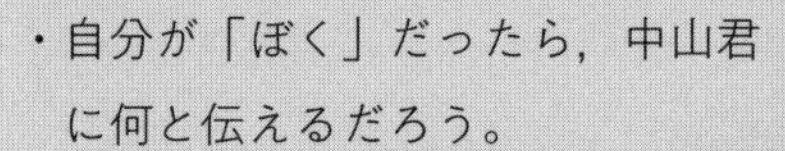

共感的発問

- 中山君が何も話してくれないときの「ぼく」の気持ちはどうだろう。
- 中山君がまた何も話さなくなったときの「ぼく」はどう思っただろう。
- 貝がらを見つめながら,「ぼく」は,どんなことを考えていたのだろう。

分析的発問

- 中山君は,なぜ,みんなと話をしないのだろう。
- 中山君は,なぜ,お見舞いに行ったのだろう。
- 「ぼく」が中山君と仲良くできると思ったのはなぜだろう。

投影的発問

- 自分が「ぼく」だったら,中山君に何と伝えるだろう。
- 自分が中山君だったら,「ぼく」のお見舞いに行くだろうか。

批判的発問

- 何も話してくれない中山君のことをどう思うか。
- お見舞いで貝がらを持って行った中山君をどう思うか。
- 「ぼく」と中山君は,友達になれるだろうか。

上記の他の効果的な発問例

- あなたにとって「友達」とは,どんな人ですか。
- お見舞いの後,「ぼく」は,学校で中山君とどんな話をするだろう。
- 「友達」について,新しく見つけた考えを書き留めよう。

／問題追求を生み出す授業構想の例／

1　**主題名**　分かり合える友達

2　**ねらい**　相手の身になって考え，信頼を深め，困っているときには，助け合おうとする心情を育む。

3　**展開の概要**

主な発問と子どもの意識の流れ	配慮事項ほか
1．友達とはどんな人のことを言うのかについて話し合う。	◇日記を紹介し，自分の友達や友情観を見つめられるようにする。
友達って，どんな人のこと？	
2．教材「貝がら」を読み話し合う。 ①中山君が何も話してくれないときの「ぼく」の気持ちはどうだろう。……**共感** ②中山君がまた何も話さなくなったときの「ぼく」はどう思っただろう。……**共感** ❸中山君は，なぜ，お見舞いに行ったのだろう。……**分析** ・「ぼく」がいつも話しかけてくれたから。 ・「ぼく」と友達になりたかったから。 ほか **3．２人の今後を考える。** ④「ぼく」と中山君は，友達になれるだろうか。……**批判**	◇「嫌かどうか」などの視点を取り上げ，スケールチャートを用いて考える。 ◇中山君が話さなくなった理由から，「ぼく」の思いに共感できるようにする。 ◇中山君の行動を分析的に問い，「ぼく」と仲良くしようとする中山君の気持ちに気付けるようにする。
4．自分の友情観を見つめ直す。 ⑤友達とはどんな人か，もう一度考えよう。	◇友達観を見つめ直し黒板や１人１台端末で共有する。

授業展開の工夫と実際

①「ぼく」と中山君の両方の気持ちを考える

「ぼく」だけでなく，中山君の気持ちも考えることで，相手の身になって考えることについての理解が深まります。そこで，本時においては，「ぼく」の心情に共感させつつも，中山君の行動を分析的に問うことにしました。

中山君と友達になろうとしている「ぼく」の気持ちに共感した子どもたちは，中山君も「ぼく」と仲良くしたいと思っているからこそ，お見舞いに行ったことに気付くことができていました。

②導入と終末で友情について同じように問い，価値観の深まりに気付かせる

友達という存在は，子どもにとって当たり前すぎる存在です。本時においては，その当たり前を問うことからスタートしました。

導入での「自分にとって，友達ってどんな人なのか」という問いは，自分の友達をイメージし，友達観を改めて見つめるきっかけとなりました。また，展開の後半で，今後の「ぼく」と中山君の関係を考えた後，終末で，導入と同じ内容を問い，一人ひとりの考えを黒板に書かせ，共有したことで，価値観の深まりに気付くこともできていました。

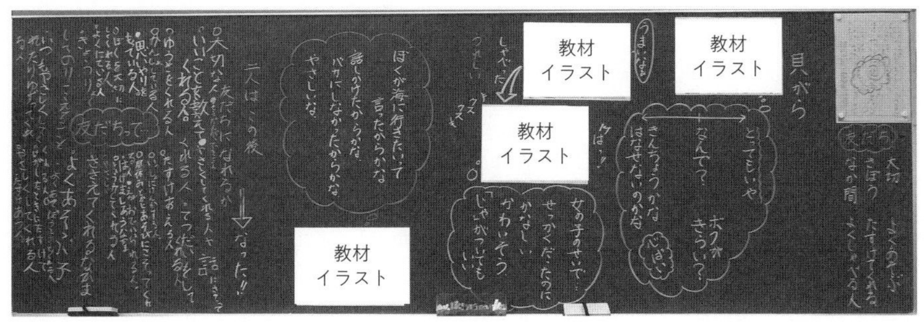

（後藤　和之）

C－(11)規則の尊重

雨のバス停留所で

使用教科書：学研

教材のあらすじ

よし子は，雨の日に母親と一緒に外出をする。バス停では，バスを待つ人たちがタバコ屋の軒下で雨宿りをしている。バスの姿が見えたので，よし子は駆け出してバス停の先頭に並ぶ。バスが停車し，よし子が乗り込もうとしたときに，お母さんがよし子の肩を強い力でぐいと引き，何も言わずに連れていく。バスに乗ると，すでに席は空いていない。お母さんは黙ったまま外を見ていた。

本教材における発問発想のポイント

子どもたちが本教材を読んで特に気になるのは，よし子さんがバス停に向かって駆け出した場面とお母さんの横顔を見て考える場面だと考えられます。それは，「よし子のしたことは本当に悪いことだったの？」や「なぜ，お母さんはそんなにも怖い顔をしているの？」という疑問です。

さらに，内容項目「規則の尊重」と関連付けて考えてみると，「よし子はきまりを破ったのか？」や「このバス停留所では，軒下に並ぶのはきまりだったのか？」という疑問につながります。

教材を読んで心に残ったことや疑問を共有し，子どもの問題意識や思考に寄り添って，発問として問いかけていきます。「きまりとはどういうものなのか？」「きまりではないけれど，大事にしたいことは何か？」を考えていけるような授業をつくっていくようにしたいものです。

「発問の立ち位置」による発問例

共感的発問

・停留所に駆け出したよし子さんは，どんな気持ちだったか。
・窓の外を見ながら，お母さんはどんなことを考えているか。
・お母さんの横顔を見ていたよし子さんは，何を考えたか。

分析的発問

・バスが見えたとき，よし子さんが停留所に向かって駆け出したのはなぜなのか。
・なぜ，お母さんは怖い顔をしているのだろうか。

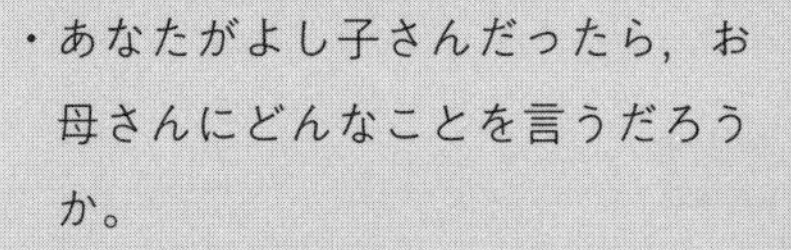

投影的発問

・あなたがよし子さんだったら，お母さんにどんなことを言うだろうか。
・あなたがよし子さんだったら，お母さんにどうして欲しかったか。

批判的発問

・よし子さんのしたことをどう思うか。
・よし子さんのしたことは，そんなに悪いことなのか。
・お母さんのことをどう思うか。

上記の他の効果的な発問例

・きまりって，どういうものだろう。
・このお話で，心に残ったことや疑問に感じることはどんなことか。
・きまりとまでは言えないけれど，大事にしたいことは何か。

／問題追求を生み出す授業構想の例／

1　**主題名**　きまりって，どういうもの？

2　**ねらい**　きまりとマナーについて考えることを通して，社会のきまりや公徳を進んで大切にしようとする態度を育てる。

3　**展開の概要**

主な発問と子どもの意識の流れ	配慮事項ほか
1．きまりにはどんなものがある？	◇身の回りのきまりを想起することで問題意識をもつ。
きまりって，どういうもの？	
2．教材「雨のバス停留所で」を読み話し合う。 ①心に残ったことや疑問はどんなことか。 ②窓の外を見ながら，お母さんはどんなことを考えているか。……**共感** ❸よし子さんのしたことは，そんなに悪いことなのか。……**批判** 悪いことだとは思わない ・バス停に並んでいたわけではない。 ・軒下に並ぶのは，きまりではない。 悪いことだと思う ・軒下に並んでいる人はバスに乗りたいとわかっている。 ・よし子の勘違いだと思うけれど，悪い。	◇心に残ったことや疑問を共有し，発問につなげる。 ◇お母さんの思いや怒っている理由を考える。 ◇よし子の行動について，批判的に考えることで，多様な価値観を引き出す。 ◇挙手やネームプレートなどで，立場を明らかにする。 ◇「駆け出したよし子の気持ちはわかる？」などと問いかけ，自己の問題につなげていく。
3．ルールとマナーについて考える。 ④きまりとまでは言えないけれど，大事にしたいことにどんなことがあるか。	◇ルールやマナーはどういうものか，どう関わっていくかなどを考える。

／授業展開の工夫と実際／

① ICT を活用し，教材を読んで，心に残ったことや疑問を交流する

Padlet というツールを使い，心に残ったことや疑問を出し合いました。下の図は，実際に授業で心に残ったことや疑問を交流したときの Padlet です。Padlet のよいところは「いいね」や「投票」，「コメント」などを付けることができるところです。どの問いを考えたいと思っているかクラス全体の傾向を把握することもできます。ICT には，空間・時間を越えて学習に活用できるよさがあると考えます。家庭学習や朝の時間などの授業外で，教材を事前に読み，感想や問いを交流させておく可能性もあると思います。

②子どもの問題意識に寄り添い，柔軟に授業を展開する

左ページの展開はあくまで１つの例です。どのクラスに対してもよい授業になる展開は存在しないと考えます。子どもの実態に合わせて共感的・分析的・投影的・批判的，どの発問にするかを考えるようにし，そして，子どもの問題意識や思考に寄り添い，柔軟に展開を変化させていきたいものです。

（杉本　遼）

中学年

C－(14)家族愛，家庭生活の充実

ブラッドレーのせいきゅう書

使用教科書：教育出版

教材のあらすじ

日曜日の朝食の時間にブラッドレーは，家の手伝いをしたというような理由でお母さんに請求書を渡す。その請求書を見たお母さんは，何も言わずにしまい込む。そして，昼食の時間にブラッドレーにお金と請求書を渡す。その請求書にはお母さんがブラッドレーにしてきたことが書いてあり，請求書の金額は「0円」だった。ブラッドレーは目に涙をためてお母さんにもらったお金を返す。

本教材における発問発想のポイント

「ブラッドレーの請求書」は，いわゆる「定番教材」としてずっと受け継がれてきました。この教材は，「家族愛，家庭生活の充実」を主な内容にしていますが，時代とともに家族のあり方は，大きく変化しています。そのため，授業では家族のあり方の多様性にも留意する必要があります。

この教材で授業を行う際は，登場人物に寄り添った形で発問を考えるとよいでしょう。ブラッドレーを共感的に理解することは，様々な立場にいる子どもたちが「ブラッドレーの家のできごと」という共通のシチュエーションを通して考えられることにつながります。そして家族のために大切にしたいことについて，一人ひとりが考えを深めることができます。

「発問の立ち位置」による発問例

共感的発問

・ブラッドレーは，どんな気持ちで請求書を渡したのか。
・お母さんから請求書を渡されたときのブラッドレーの気持ちを考えよう。

分析的発問

・なぜブラッドレーは請求書を渡したのか。
・お母さんが0円の請求書を渡した理由について考えよう。
・お金を返した後，ブラッドレーは何が変わっただろう。

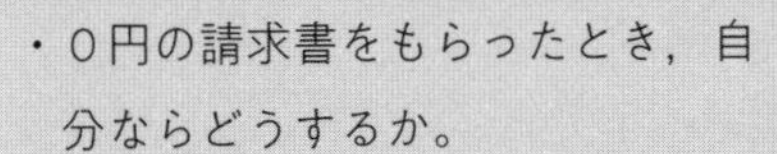

投影的発問

・0円の請求書をもらったとき，自分ならどうするか。
・お母さんにお金を返した後，自分だったらこれからどうしていくか考えよう。

批判的発問

・請求書を渡したブラッドレーについて，どう思うか。
・お金を返したブラッドレーに何か伝えられるなら，どんな声をかけるか。

上記の他の効果的な発問例

・どんな家の手伝いをしているだろう。
・家の手伝いをするのは自分と家族のどちらのためだろう。
・家族のために，自分が大切にしたいと思うことは，どんなことだろう。

／問題追求を生み出す授業構想の例／

1　**主題名**　家族のために大切にしたいこと

2　**ねらい**　自分が家族にとってかけがえのない一員であることに気付き，進んで家族に協力しようとする態度を育てる。

3　**展開の概要**

主な発問と子どもの意識の流れ	配慮事項ほか
1．自分が今までにやったことがある家のことについて発表する。	◇自分の経験を思い起こすことで，主題への関心を方向づける。
家族のために大切にしたいこと。	
2．教材「ブラッドレーのせいきゅう書」を読み話し合う。 ①ブラッドレーは，どんな気持ちで請求書を渡したのか。……共感 ❷お母さんが０円の請求書を渡した理由について考えよう。……分析 ・お金のためではないと気付いてほしい。 ・大切な家族だから，お金はとらない。 ③お金を返した後，ブラッドレーは何が変わっただろう。……分析 3．自分にできることについて振り返る。 ④家族のために，自分が大切にしたいことを考えよう。 4．今日の話の中での発見をまとめる。	◇自分のことしか考えていないことに着目させる。 ◇「ブラッドレーにどんなことを伝えたかったのだろう」といった補助発問を行ってもよい。 ◇自分のことしか考えなかったブラッドレーが，家族の思いに気付く過程を板書でわかりやすく表す。

授業展開の工夫と実際

①分析的発問によって，ブラッドレーの気付きを自己投影させる（中心発問）

この教材を読んだときに，「なぜ0円だったのだろう」「なぜ叱らずに請求書を渡したのだろう」とお母さんの行為について疑問に思う子がいるはずです。ブラッドレーも，同じように考えて気付いたと考えられます。中心発問でお母さんの思いについて考えることは，ブラッドレーの視点に立って，家族が協力し合うことのよさや家族のかけがえのなさに気付くことにつながります。

②ブラッドレーの変化を通して，一人ひとりが家族への思いを深める

お金を返した後のブラッドレーについて尋ねると，多くの子どもがその変化について言及するはずです。ブラッドレーが進んで家族と協力し合う姿を想像することは，子ども自身がこれから家族のためにどうしたいか，自分を見つめるためのヒントとなります。

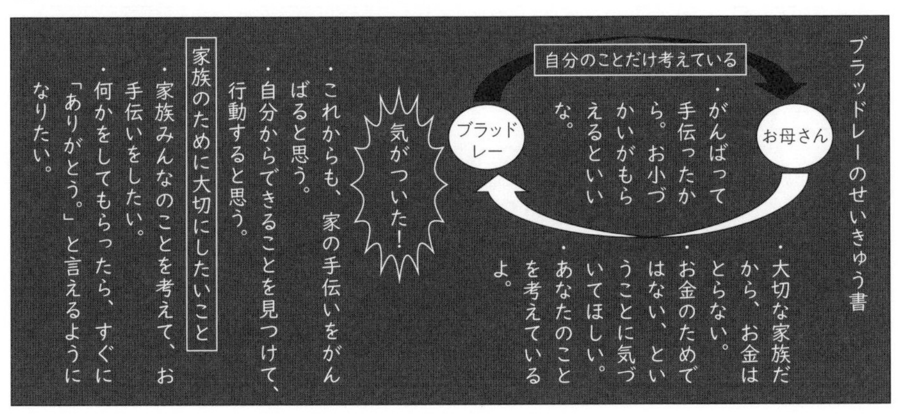

（前田　良子）

中学年

C－(16)伝統と文化の尊重，国や郷土を愛する態度

ふろしき

使用教科書：光村図書

教材のあらすじ

「わたし」は，たんすできれいなふろしきを見つけた。それで本を包んでみると，中の本が大事なものに思えた。お母さんに伝えると，いろいろなものを包んで見せてくれ，ふろしきが昔から使われてきたものであることを教えてくれた。たたんだり肩にかけたりもでき，ふろしきが様々に使えるものだと知った「わたし」は，友達にもふろしきのよさを教えて，話し合ってみたいと思った。

／本教材における発問発想のポイント／

日本に古くから伝わる物として，ふろしきを取り扱った教材です。子どもが，実物を見たり，触ったりしながら実感をもって考えていくように発問を構成します。

まず，「わたし」の心情により共感させるためには，実際に自分たちでも触ってみて，使ってみての感動が必要です。その感動を基にすれば，「わたし」に共感するだけでなく，ねらいと向き合いながら道徳的価値の理解をいっそう深めることができると考えられます。

また，お母さんが使い方などを詳しく教えた思いを分析的に問うことで，子どもが日本に古くから伝わる物を伝え続けていくことの大切さについての考えを深め，自分たちの身の回りにある物についても，関心をもち，親しもうとする心情を育んでいくと期待しています。

「発問の立ち位置」による発問例

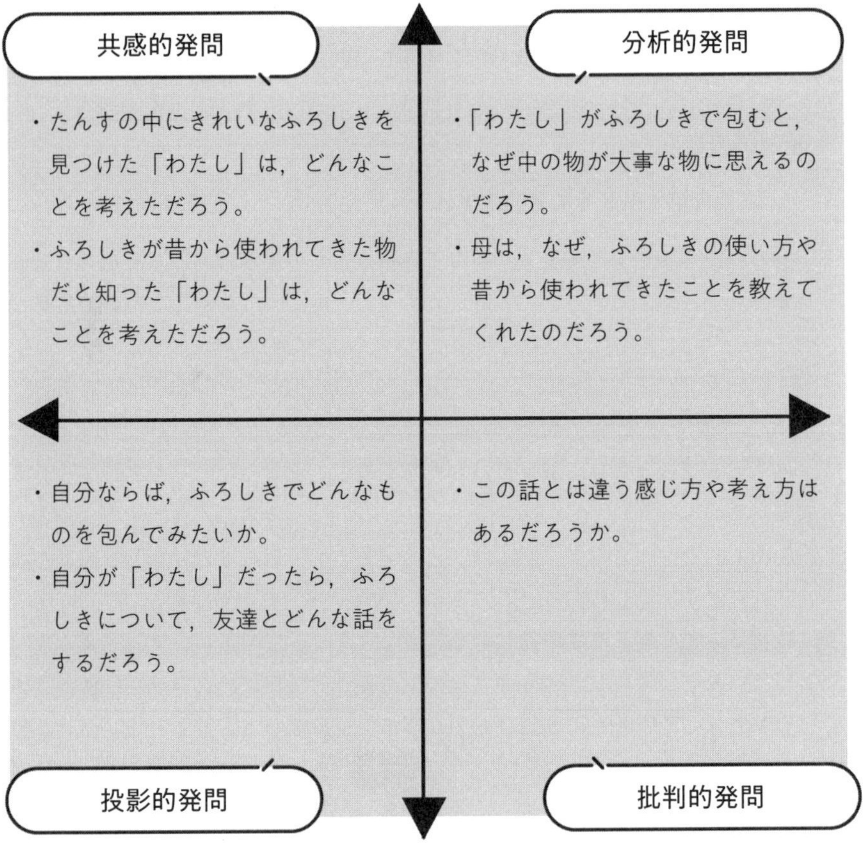

共感的発問

・たんすの中にきれいなふろしきを見つけた「わたし」は，どんなことを考えただろう。
・ふろしきが昔から使われてきた物だと知った「わたし」は，どんなことを考えただろう。

分析的発問

・「わたし」がふろしきで包むと，なぜ中の物が大事な物に思えるのだろう。
・母は，なぜ，ふろしきの使い方や昔から使われてきたことを教えてくれたのだろう。

投影的発問

・自分ならば，ふろしきでどんなものを包んでみたいか。
・自分が「わたし」だったら，ふろしきについて，友達とどんな話をするだろう。

批判的発問

・この話とは違う感じ方や考え方はあるだろうか。

上記の他の効果的な発問例

・ふろしきを使ってみて，感じたことや発見したことを紹介し合おう。
・日本に古くから伝わる物には，どんな物があるだろう。
・日本で昔から使われてきた物や文化には，どんなよさがあるだろう。

問題追求を生み出す授業構想の例

1　**主題名**　日本に古くから伝わる物のよさとは

2　**ねらい**　ふろしきをきっかけに日本に古くから伝わる物について考え，それらに関心をもつとともに，親しもうとする心情を育てる。

3　**展開の概要**

主な発問と子どもの意識の流れ	配慮事項ほか
1．ふろしきについて，知っていることを紹介し合う。	◇数枚のふろしきを見せ，知っていることや使い方について交えさせる。
古くから伝わる物には何がある？	
2．ふろしきを使ったり，触ったりした感じを共有する。 ①ふろしきを使ってみて，感じたことや発見したことを紹介し合おう。	◇本やボールなどの包み方を実演した後，実際に使わせることで，よさを感じ取れるようにする。
3．教材「ふろしき」を読み話し合う。 ②母は，なぜ，ふろしきの使い方や昔から使われてきたことを教えてくれたのだろう。 分析 ③自分が「わたし」だったら，ふろしきについて，友達とどんな話をするだろう。 投影	◇母の思いを分析的に考えさせることで，伝統文化を継承していく大切さに着眼させる。 ◇投影的に問い，自分が感じたふろしきのよさを改めて考えられるようにする。
4．身近な古くから伝わる物について考える。 ❹身の回りにある日本に古くから伝わる物に何があるだろう。また，そのよさは何だろう。	◇日本に古くから伝わる物への関心や親しみがもてるようにする。

／授業展開の工夫と実際／

①まずは触れてみてから考える

授業のはじめに，数枚のふろしきを提示し，使い方など，知っていることを紹介し合った後，実際にふろしきを触らせたり，本やボールを包んだりする活動を行いました。

ふろしきという名称や古くから使われていることを知っている子どもは多かったものの，使った経験はあまりなく，また，手触りも新鮮だった様子で，この活動自体が日本に古くから伝わる物に関心を抱かせたようでした。

②分析的な問いで，伝統文化を継承していく大切さに深く着眼させる

教材に描かれたお母さんの実演や，昔から使われていることについて取り上げ，それらをお母さんが「わたし」に教えてくれた思いを考えさせました。単に便利だからということだけではなく，日本に古くから伝わる物を伝え続ける大切さについて深く考えることを意図した発問です。

子どもは，先人の知恵に対する驚きや尊敬の念を抱いており，日本に古くから伝わる物への親しみを一層深めているように感じました。

（後藤　和之）

中学年

D－(18)生命の尊さ

ヒキガエルとロバ

使用教科書：日本文教出版

教材のあらすじ

アドルフたちの前に，ヒキガエルが１匹飛び出した。アドルフたちは，ヒキガエルめがけて石を投げつけ始める。ヒキガエルは道のくぼみに逃げる。そこへ痩せたロバが荷車を引いて通りかかる。ロバは傷ついたヒキガエルを見つけると，重い荷車を引いて，ヒキガエルをよけて通り過ぎる。それを見ていたアドルフたちは，その手から石を落とし，去っていくロバを見つめていた。

本教材における発問発想のポイント

本教材は，ヒキガエルという小動物の生命を軽んじて，石を投げていじめているアドルフたちが，自分が苦しそうにしているのにも関わらず，傷ついたヒキガエルの命を救ったロバの行動を見て，自分たちがヒキガエルをいじめていたことを省みる教材です。そのため，アドルフたちの心情の変化に焦点を当てて，命の尊さについて話し合うことで，身近な小動物などの命にどのように向き合うか考えることができます。

一方で，子どもは普段から命の大切さを考える機会も多いことから，この教材に出てくるアドルフたちに対して分析的・批判的な視点で考えることが予想されます。そこで，アドルフたちの行動の問題点とロバの行動のよさの違いを明らかにして，生命の尊さや命を大切にするという意味について話し合うことができます。

「発問の立ち位置」による発問例

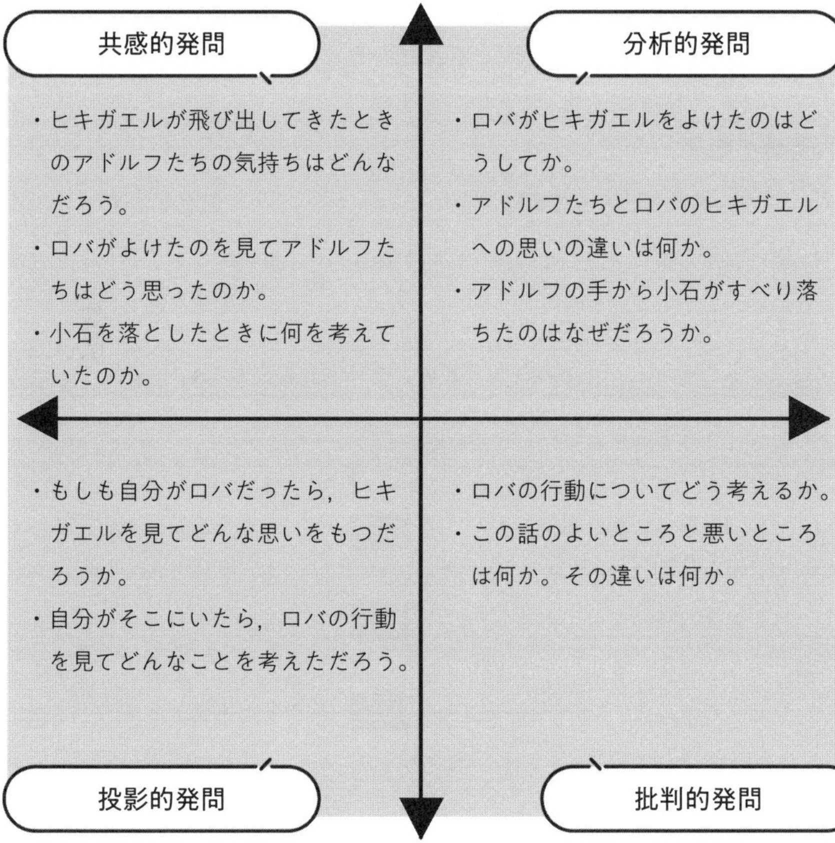

共感的発問

・ヒキガエルが飛び出してきたときのアドルフたちの気持ちはどんなだろう。
・ロバがよけたのを見てアドルフたちはどう思ったのか。
・小石を落としたときに何を考えていたのか。

分析的発問

・ロバがヒキガエルをよけたのはどうしてか。
・アドルフたちとロバのヒキガエルへの思いの違いは何か。
・アドルフの手から小石がすべり落ちたのはなぜだろうか。

投影的発問

・もしも自分がロバだったら，ヒキガエルを見てどんな思いをもつだろうか。
・自分がそこにいたら，ロバの行動を見てどんなことを考えただろう。

批判的発問

・ロバの行動についてどう考えるか。
・この話のよいところと悪いところは何か。その違いは何か。

上記の他の効果的な発問例

・小さな命を大切にするためにはどんな思いが必要だろう。
・小さな生き物の命と，大きな生き物の命，その共通点は何だろう。
・この話から学んだ命の大切さとはどんなことだろう。

／問題追求を生み出す授業構想の例／

1　**主題名**　どんな命も大切に

2　**ねらい**　あらゆる命が平等にあるということについて考え，どんな命でも大事にしようとする態度を育てる。

3　**展開の概要**

主な発問と子どもの意識の流れ	配慮事項ほか
1．嫌いな虫などについてどのように向き合っているかについて話し合う。	◇具体的なエピソードを生かして問題を掘り起こす。
小さな生命とどのように向き合うか。	
2．教材「ヒキガエルとロバ」を読み話し合う。 ①ヒキガエルが飛び出してきたときのアドルフたちの気持ちはどんなだろう。……共感 ②もしも自分がロバだったら，ヒキガエルを見てどんな思いをもつだろうか。……投影 ❸アドルフの手から小石がすべり落ちたのはなぜだろうか。……分析 ・ヒキガエルをいじめていたことを恥ずかしいと思ったから。 ・ロバの行動に心を打たれて，反省したから。 ・小さな命であっても大切にするべきだと思ったから。　ほか	◇アドルフ側の思いとロバ側の思いの違いを明らかにすることで，小さな命に対する思いを具体化していく。 ◇アドルフが気付いたことは，子どもにとって，小さな命に対しての思いの変容につながる可能性があるため，いじめていたことの後悔だけでなく，どのように気持ちが変わったのかについても話し合わせる。
3．学習のまとめを記録する。 ④小さな命に対する思いを書き込もう。	◇ICT を生かして記録させ，意見共有を図る。

授業展開の工夫と実際

①小さな命に対する思いの違いを明確にして，問題を解決へ

アドルフたちのヒキガエルに対する思いは，人間がもちがちな弱さや醜さが描かれています。一方，ロバのヒキガエルに対する思いは，いかなる状況であっても，どんな命でも大切にする思いが描かれています。一つの小さな命に対する思いの違いを明確にすることで，この教材から考えられる問題に気付き，解決しようとする気持ちを育むことができます。

②分析的発問で教材全体から子どもそれぞれの多様な思いを話し合う

この教材の登場人物を客観的に捉えるように分析的な発問をすることで，本時の学びから子ども一人ひとりが多様な答えをもつことができます。そこでは，子どもそれぞれが小さな命に対してどのような思いをもっているのか，そして授業全体を通して，小さな命への思いにどんな変容があるのかについても見えてきます。

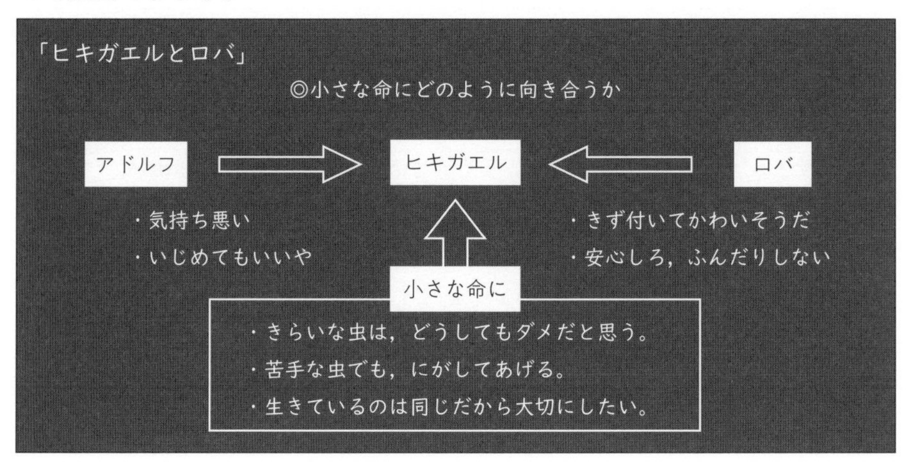

（佐藤　淳一）

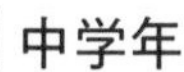

D－(20)感動，畏敬の念

花さき山

使用教科書：学研

教材のあらすじ

あやは，山でばばに出会う。一面の花があるのは，村の人間が優しいことを一つすると一つ花が咲いたから。妹が着物を欲しいと言ったとき，あやが我慢したから赤い花が咲いた。花さき山では，自分のことより人のことを思って辛抱すると，優しさと健気さが花になって咲き出す。

本教材における発問発想のポイント

本教材では，分析的発問を中心に「ステキだな」「美しいな」と思う自分への実感を大切にしたいものです。その際，共感的発問によって，あやの気持ちや思いのみを考えると，自己犠牲の精神を考えるだけになってしまう不安があります。批判的発問であややお話に対する考え方を問うと，「感動，畏敬の念」につながらない様々な考え方が出されるかもしれません。

また，投影的発問によって「あなただったら，あやのようにできるか？」を考えると，子どもたちは「できない」で終わってしまうかもしれません。「クラスに花さき山をつくろう」と，優しい行為を称賛し合う活動を設定する場合もありますが，心の美しさや気高さにつながらない不安もあります。自分にはなかなかできないからこそ，「あやの気高さ」や「物語の美しさ」に心を動かされるのです。教材や内容項目のよさや特徴を生かすことを考えることが，どの立ち位置で発問するかのヒントになるかもしれません。

「発問の立ち位置」による発問例

共感的発問

・赤い花は自分が咲かせた花だと聞いて，あやはどんな気持ちになっただろう。
・花さき山に花が一面に咲くのを見て，あやはどんなことを考えただろう。

分析的発問

・花さき山に咲く花は，どんな花だろう。
・なぜ，花さき山の花は人に知られないようにひっそりと咲くのだろう。

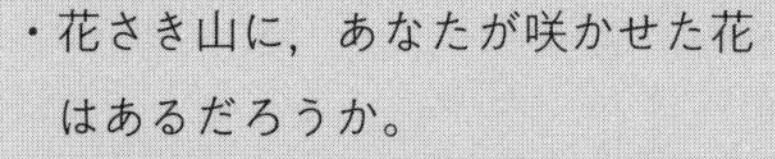

投影的発問

・花さき山に，あなたが咲かせた花はあるだろうか。
・自分がそこにいるつもりで，あやの思いを語ってみよう。

批判的発問

・花さき山の花を，あなたはどう思うか。
・あやのことをどう思うか。
・本当に自分のことよりも人のことを思わないといけないのか。
・このお話のことをどう思うか。

上記の他の効果的な発問例

・人の言動によって花が咲く山の物語。どんなことで花が咲くだろう。
・見えない心の美しさとは，どんなものだろう。
・私たちが美しさに感動するのはなぜだろう。

／問題追求を生み出す授業構想の例／

1　**主題名**　なぜ，私たちは美しさに感動するのだろう

2　**ねらい**　花さき山に咲く花がどんな花かを考えることで，美しいものや気高いものに感動する心を大切にしていこうとする心情を育てる。

3　**展開の概要**

主な発問と子どもの意識の流れ	配慮事項ほか
1．場面絵を見て，教材の世界観を共有する。 ①人の言動によって，花が咲く山の物語。どんなことで，花が咲くのだろう。	◇場面絵を見せ，物語を想像することで，教材の世界への関心を高める。
花さき山に咲く花は，どんな花なのだろう？	
2．教材「花さき山」を読み話し合う。 ②花さき山に咲く花は，どんな花だろう。……分析 ❸なぜ，花さき山の花は人に知られないようにひっそりと咲くのだろう。……分析 ・あやの優しさは，ひっそりとした優しさ。 ・自分では気付かない本当の優しさだから。 ・我慢は見せびらかすことではない。 ・優しさの花は，人知れず，そっと心の中に咲くのが美しい。	◇２つの分析的な発問によって，「あやの気高さ」や「心の美しさ」，「物語の美しさ」を考えていく。
3．美しさを感じる心について実感を深める。 ④あなたは花さき山の花や，花さき山のお話をどう思うか。（なぜ，「ステキ」，「美しい」と思うのだろう？）……批判	◇あやや花さき山の花，お話についてどう思うかを問うことで美しいと思う心があることを実感させたい。

／授業展開の工夫と実際／

①教材からテーマを設定する

「花さき山」の授業では，導入で「美しい心とは？」といった価値テーマを示すことが多いと思います。この授業の導入では，場面絵を見せ，物語を想像することで教材への関心を高めました。「花さき山」の物語の世界観を大事にし，教材から考えることで価値を見出してほしいと考えたからです。

価値テーマから導入する授業が増えてきていますが，教材からテーマをつくる授業も大事にしていきたいと考えます。教材から入ることで，価値のレンズを通さずに，子どもの素直な受け止めを生むことができます。授業にレパートリーが生まれ，柔軟な授業を展開することができます。

②分析的発問で花さき山のお話と描かれる花の意味を考える

分析的な発問によって，花さき山のお話全体やそこに描かれる花の意味を考えました。子どもたちは「自分は，あやみたいにはできないと思う」や「ただの優しさではなく，ひっそりとした優しさ」「誰にでも，気付いていないだけで，あやみたいな心が，心の中にある」など自分と比べながら考え，気高さや美しさへの実感を深める様子がうかがえました。

（杉本　遼）

A－(1)善悪の判断，自律，自由と責任

うばわれた自由

使用教科書：学研

教材のあらすじ

森の番人であるガリューは，狩りを禁止されている森から銃声を耳にする。ガリューは，権力にまかせて動物を狩るジェラールに忠告するものの，逆に捕まり牢屋に入れられてしまう。やがて王となったジェラールはわがままを続けたため，囚われの身となってしまった。その牢屋の中で再会したガリューの言葉に，自分のしてきたことを悔やみ，真の自由に気付きはじめる。

本教材における発問発想のポイント

子どものイメージする「自由」とは，「思いのまま」「無法地帯」に関するものが連想されます。つまり「自由＝自分勝手（わがまま）」との認識から，何かと「自由」を求めることが多いものです。しかし，本当に何もかも「自由」になったらと考えさせると，自分以外の人も「自由」になることでの弊害に気付きだします。ここで子どもの中に問題意識が芽生えます。

本教材では，まずわがままし放題の王子ジェラールが，権力に任せて自分勝手な狩りをし，ガリューが忠告していた場面を対比させつつ発問を構成させることで考えを広げます。その後，王になったジェラールが，自分の行いの愚かさに気付く場面でのガリューとのやりとりで考えを深めることで，真の「自由」に気付くことができます。子どもがイメージしていた「自由」に足される形で，自分の実生活に生かされていくきっかけとなります。

「発問の立ち位置」による発問例

共感的発問

・ガリューは，どんな気持ちでジェラールに忠告したのか。
・ガリューの忠告の言葉に，ジェラールはどう思ったか。
・ジェラールは牢屋の中で，どんなことを考えていたか。

分析的発問

・最後の言葉でガリューが伝えたかった思いは何だろうか。
・ジェラールとガリューの考える「自由」にはどんな違いがあるのだろう。
・「本当の自由」とは何だろう。

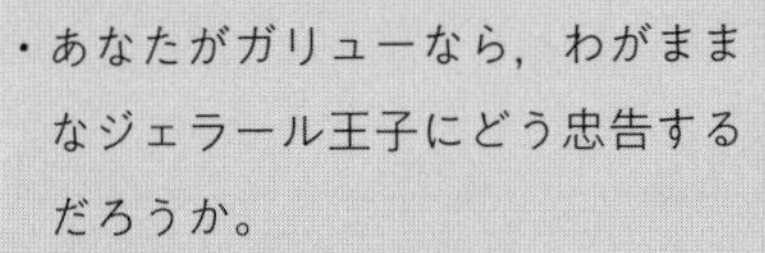

投影的発問

・あなたがガリューなら，わがままなジェラール王子にどう忠告するだろうか。
・牢屋でガリューと再会したとき，あなたがジェラール王だったら何を伝えるだろうか。

批判的発問

・ジェラールが主張した「自由」について，どう思うか。
・本当に自由な生き方をしているのは，ジェラールとガリューのどちらなのか。

高学年

上記の他の効果的な発問例

・「何をやっても自由」となったら，社会はどうなるだろう。
・「自由」と「自分勝手（わがまま）」は，どんなところが違うのか。
・「自由」には「責任」が伴うと言うが，それはなぜなのか。

／問題追求を生み出す授業構想の例／

1　**主題名**　本当の自由とは

2　**ねらい**　自由と自分勝手の違いについて考え，本来の自由を大切にして，自律的に生活しようとする態度を育てる。

3　**展開の概要**

主な発問と子どもの意識の流れ	配慮事項ほか
1．学校が「何をやっても自由」な場所となったら，どうなるかについて話し合う。	◇子どもの抱く「自由な学校」をあえて肯定することで，問題意識をもたせる。
自由とは，何なのだろう？	
2．教材「うばわれた自由」を読み話し合う。 ①ガリューは，どんな気持ちでジェラールに忠告し，またその言葉に，ジェラールはどう思ったか。……共感 ❷牢屋でガリューと再会したとき，あなたがジェラール王だったら何を伝えるだろうか。……投影 ・自分のわがままのせいでこんなことに。 ・他人に迷惑をかけるのは「自由」とは言えない。 ・思っていた「自由」とは違っていた。 ほか	◇２人の人柄を押さえつつ，気持ちを考えることで，「自由」についての多様なイメージに気付かせる。 ◇ジェラール王に身を置いて，自由に語らせる。
3．「自由」について学んだことを，自分の生活において考える。 ③「自由」とは，何なのだろう。	◇「本当の自由」と自分の生活でイメージしていた自由を比較しながら考えさせる。
4．各自が自分の中で納得した「自由」の価値観について書き込み，共有する。	◇子どもがそれぞれの考える「自由」について，ボードの付箋に入力し共有する。

授業展開の工夫と実際

①２人の人物の「自由」の考え方の違いに気付かせる

登場人物２人に対する共感的発問を通して，２人の「自由」に対する考え方の違いを発表させました。それぞれの「自由」（特にジェラール王子）について共感的に語り合うことで，教材文の中に書かれていない言葉も使い，子ども自身の価値観に関係なく発言しやすくしました。また，この時点でのジェラール王子の「自由」の捉えと子どもの現状を照らし合わせることで，授業を進めていくことと並行して，気付きや考えを深める助けとなるようにしました。

②投影的発問で「自分事」の価値観を掘り起こす

本教材は，子どもの生活との距離があるフィクションの物語であるため，中心的な発問を「投影的発問」にすることで，教材と子どもが生活している世界をつながりやすくしました。ジェラール王の気付きに自分を投影させることで，自然と「本当の自由」についての考えの変化をアウトプットさせることができました。

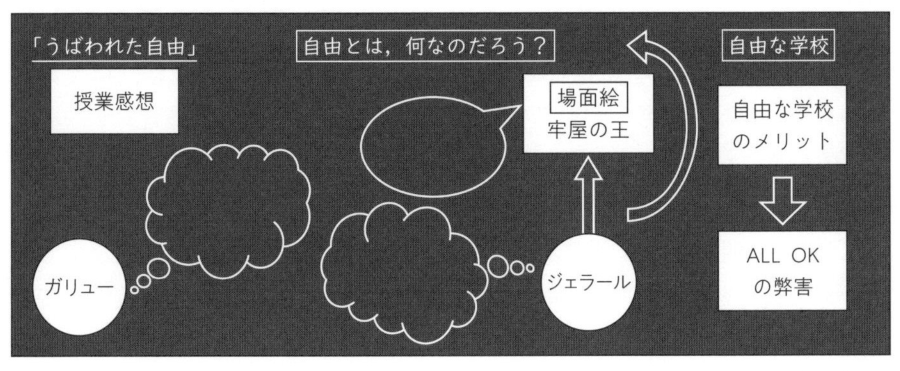

（小杉　純平）

A－(2)正直，誠実

手品師

使用教科書：日本文教出版

教材のあらすじ

大劇場のステージに立つことを夢見る貧しい手品師が，ある日，町で寂しそうにしている男の子に出会う。手品師は男の子を元気づけようと思い，手品を披露すると心から喜び，明日も手品を見せる約束をする。その日の夜，友人から大劇場に出られるチャンスをもらう。迷いに迷った手品師だが，友人の誘いをきっぱりと断り，翌日，男の子の前で素晴らしい手品を演じた。

／本教材における発問発想のポイント／

「自分が手品師だったら，どちらを選ぶか」という発問は賛否両論あります。しかし，手品師の悩みや葛藤を自分事として考えなければ，本当に手品師が大切にしたかったもの，判断の決め手になったものは見えてきません。ICT を効果的に活用するなどして，異なる意見や考え方に触れ，自分と手品師を重ね合わせて考えられるようにしたいものです。

本教材は，「誠実」という言葉の意味を理解することや，手品師のような生き方を「誠実」として，ロールモデルのように理解するものではありません。手品師の生き方に自分を照らし合わせて，自分にとっての誠実な生き方を考えることを大切にします。そのためにも，最後に「手品師は後悔していないか」といった発問から，チャンスを失っても心曇らせることなく，明るい気持ちで努力し続ける手品師の姿に思いを馳せることも有効です。

「発問の立ち位置」による発問例

共感的発問

・迷いに迷っているときの手品師はどんな気持ちだろう。
・たった一人のお客様の前で，手品師はどんなことを考えながら手品を演じていたか。

分析的発問

・手品師はなぜ男の子との約束を果たそうと決心したのか。
・手品師が男の子のところに行ったのは，どんなことを大切にしたかったからか。

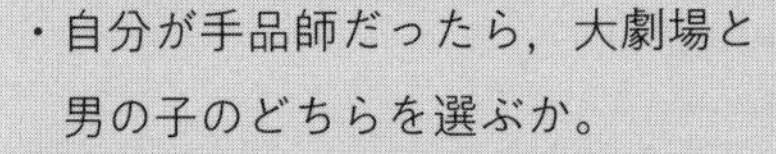

投影的発問

・自分が手品師だったら，大劇場と男の子のどちらを選ぶか。
・人生を左右する判断をせまられたとき，自分だったら何を大切に考えるか。

批判的発問

・手品師は，大劇場へのチャンスを見送って後悔はないのか。
・せっかく誘ってくれた友人の誘いを断って本当によかったのか。
・手品師の選択や生き方は誠実と言えるのか。

上記の他の効果的な発問例

・手品師がもし大劇場を選んだとしたら，どうなっていただろう。
・誠実な生き方とはどのようなものだろう。
・自分をごまかさない正直な生き方は，なぜ難しいのか。

／問題追求を生み出す授業構想の例／

1　**主題名**　明るく生きる

2　**ねらい**　自らの良心に誠実でいようとした手品師の生き方を通して，常に誠実に行動し，明るい生活をしようとする心情を育てる。

3　**展開の概要**

主な発問と子どもの意識の流れ	配慮事項ほか
1．「誠実」とはどのようなことかについて話し合う。	◇具体的なエピソードを生かして問題を掘り起こす。
誠実な生き方とはどのようなものだろう。	
2．教材「手品師」を読み話し合う。 ①自分が手品師だったら，大劇場と男の子のどちらを選ぶか。……投影 ❷手品師が男の子のところに行ったのは，どんなことを大切にしたかったからか。……分析 ・自分の手品を心から楽しみにしてくれる客を喜ばせたいという思い。 ・一人の客であっても最高のパフォーマンスをするんだというプライド。 ・手品師である前に人間として，男の子の笑顔や期待を裏切れないという思い。 ③手品師は，大劇場へのチャンスを見送って後悔はないのか。……批判	◇①では，ICT を活用してどちらを選んだか視覚的にわかるようにし，クラスで共有する。 ◇❷では，「約束だから」や「男の子がかわいそうだから」という意見に終始せず，手品師が自らの良心に誠実でいようとした気持ちを捉えられるようにする。 ◇手品師の純粋な思いに心を向けさせる。
3．この学習から大切だと思った生き方についてシートに書き込む。	◇各自の気付きなどをまとめさせる。

╱授業展開の工夫と実際╱

①手品師の葛藤を追体験して自分事へ

「自分が手品師だったら，どちらを選ぶか」という発問をすると，「男の子のところ」に意見が偏ることがあります。その際は，「自分の夢をあきらめてもよいのか」「それが本当に自分に対して誠実と言えるのか」といった批判的発問を補助発問として使うことも効果的です。道徳的にどちらが正しいかを考えるのではなく，どちらを選んだ方が後悔しないか，自分の良心に誠実かを考えさせるようにしましょう。

②誠実な生き方について，もう一段階考えを深めるために

「手品師が男の子のところに行ったのはなぜか」と問うと，「先に約束したから」や「男の子がかわいそうだから」という意見が出ます。そこにとどまっていては，手品師の誠実な生き方にせまることができません。「どんなことを大切にしたかったからか」と，少し聞き方を変えることで，手品師の信念や信条，生き方レベルの話合いにつなげることができます。

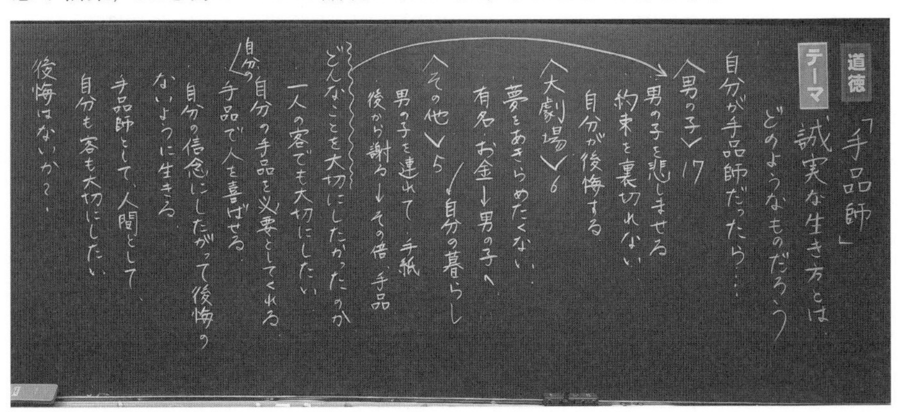

（鈴木　賢一）

高学年

B－(7)親切，思いやり

父の言葉

使用教科書：教育出版

教材のあらすじ

ユニセフ親善大使である黒柳徹子さんが幼いころに病気で入院していたとき，同じ病気で入院している同じ年くらいの女の子と出会う。黒柳さんは，退院して普通の生活を送れるようになった一方，女の子は赤い松葉杖をして生活をしていた。街中で偶然にも松葉杖をしている女の子に出会うが，黒柳さんは隠れてしまった。そのとき，父から言われた言葉が現在でもユニセフの活動のもとになっている。

／本教材における発問発想のポイント／

黒柳徹子さんは，幼少時代に赤い松葉杖の女の子と同じ立場や心境に立っているからこそ深く共感できることがあり，相手を傷つけないようにするためにどうしたらよいのか葛藤が起こります。まずこの葛藤を中心にどのような心が働いているのか自分の考えを明確にしながら考え，相手に伝えるなど対話を通して，自分の考えを多面的・多角的に広げられるようにします。

また，大人になってから父の言葉の大切さがわかるようになります。相手を思いやる心が，時間や空間を超えて，さらに自分の人生に影響を及ぼしています。女の子を通した心の葛藤や父の言葉から時間軸や空間軸を考慮して，黒柳徹子さんの思いやりがどのように深まり，成長した自分につながるのか考えさせることがポイントとなります。

「発問の立ち位置」による発問例

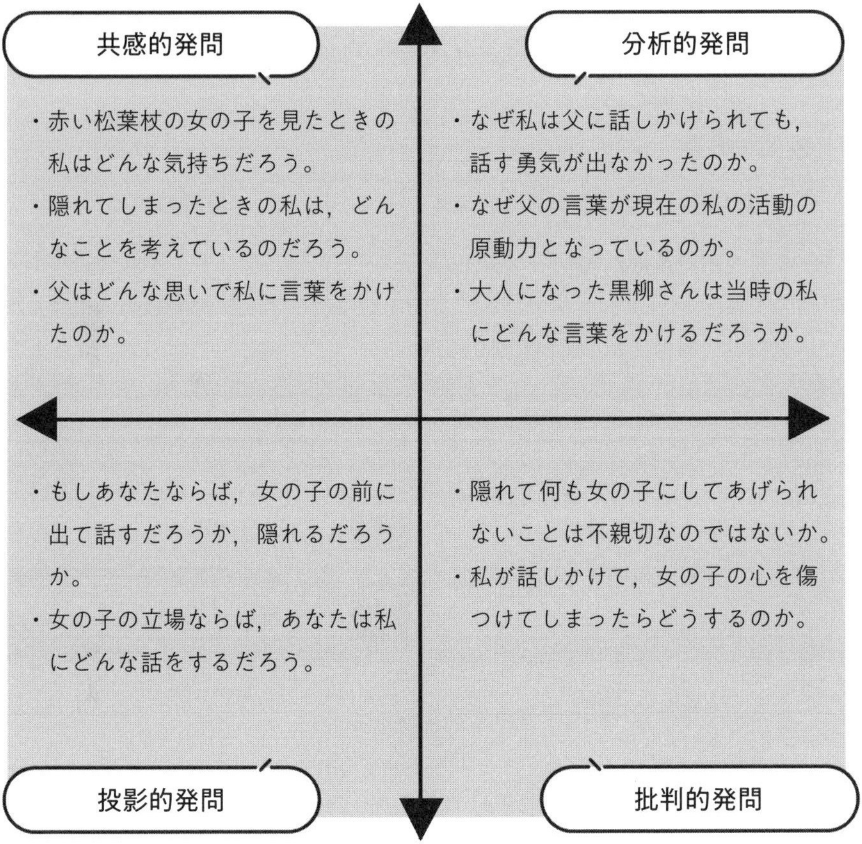

共感的発問

・赤い松葉杖の女の子を見たときの私はどんな気持ちだろう。
・隠れてしまったときの私は，どんなことを考えているのだろう。
・父はどんな思いで私に言葉をかけたのか。

分析的発問

・なぜ私は父に話しかけられても，話す勇気が出なかったのか。
・なぜ父の言葉が現在の私の活動の原動力となっているのか。
・大人になった黒柳さんは当時の私にどんな言葉をかけるだろうか。

投影的発問

・もしあなたならば，女の子の前に出て話すだろうか，隠れるだろうか。
・女の子の立場ならば，あなたは私にどんな話をするだろう。

批判的発問

・隠れて何も女の子にしてあげられないことは不親切なのではないか。
・私が話しかけて，女の子の心を傷つけてしまったらどうするのか。

上記の他の効果的な発問例

・思いやる心は成長と共に変化するのだろうか。
・もしあなたが現在の黒柳さんならば，思いやる心を使って，どんなことを形にできそうか。

高学年

問題追求を生み出す授業構想の例

1　**主題名**　思いやる心をどう生かすか

2　**ねらい**　相手を思いやって行動することの難しさと大切さについて，黒柳さんの体験をもとに考え意欲を高める。

3　**展開の概要**

主な発問と子どもの意識の流れ	配慮事項ほか
1．教材「父の言葉」を読み，問いを立てる。 **2．教材「父の言葉」を通して話し合う。**	◇教材にある問題を発見することで問題意識を高めて授業に取り組めるようにする。
思いやりの心を使ったり，形にしたりするにはどうすればよいだろう。	
①もしあなたならば，女の子の前に出て話すだろうか，隠れるだろうか。……投影 ②大人になった黒柳さんは当時の私にどんな言葉をかけるだろうか。……分析 ・現在は父の言葉の意味をより理解しているので積極的に話しかけるよう元気づける。 ・現在でも当時の気持ちに共感できるので，気持ちを聞いてあげて寄り添ってあげる。	◇女の子に話すのか，隠れてしまうのか，自分と女の子の意向を意識した二軸四象限をもとに思いやりの価値観を多面的・多角的に考えさせる。
3．これからの信頼関係において生かしていきたいことを考える。 ③もしあなたが現在の黒柳さんならば，思いやる心を使って，どんなことを形にできそうか。	◇思いやる心を，時間軸・空間軸を超えて，それぞれの立場でテーマに即して考えることで自分事として考えを深められるようにする。

授業展開の工夫と実際

① ICT を生かしたポジショニングでより多様な考えに触れることで自分の見方・考え方に磨きをかける（SKYMENU のポジショニングを使用）

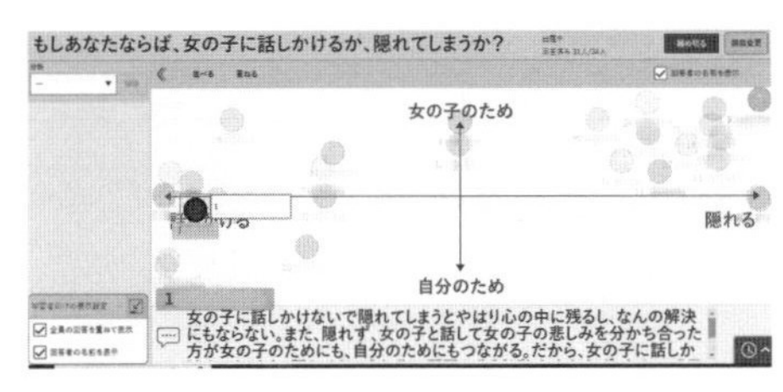

ポジショニング（ICT）を使うことで同じ立場でも数直線の位置が自分と異なる友達の意見に触れることができ，心の在り方に微妙な違いが出ます。子どもたちはこの違いを学ぶことで「なぜ？」「どうして」などと意識を高め，他者の考えに興味・関心をもって対話するようになり，自分の価値観を広げていくと考えられます。

②道徳的価値観を時間軸・空間軸・本質軸を通して考える

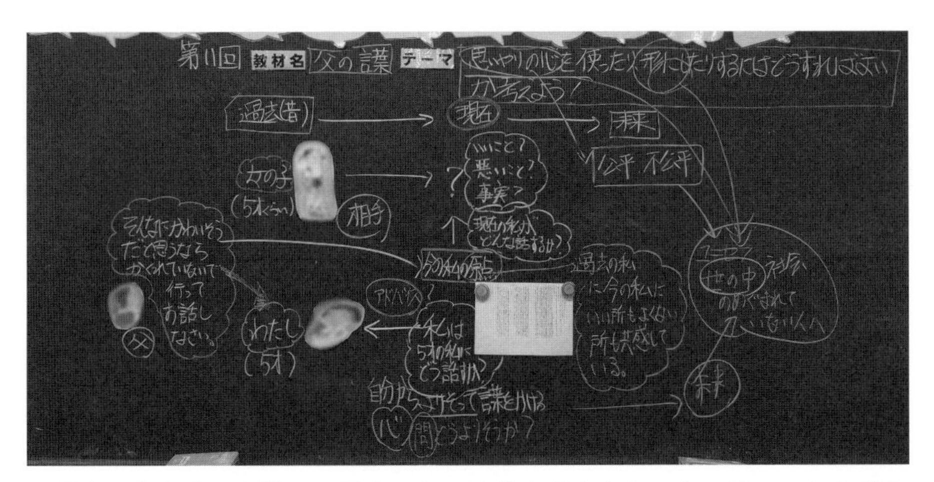

現在の主人公の立場で，過去の父の言葉を考えたり，女の子のことを考えたりすることで，思いやる心の本質を考えることができます。そして，未来を見つめながら，思いやる心が社会や世の中を通してもつ普遍的な価値やよさについても気付くことができると考えられます。

（古見　豪基）

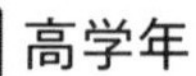

B－(7)親切，思いやり

くずれ落ちただんボール箱

使用教科書：東京書籍

教材のあらすじ

買い物にでかけた私と友子の目の前で，男の子が段ボール箱を崩してしまう。孫が崩してしまった箱を，1人で片づけるおばあさんを見て，2人は代わりに片づけを始める。しかし，事情を知らない店員に「遊び場ではない」と叱られてしまう。おばあさんにお礼を言われたものの，複雑な気持ちが残っていたが，後日届いた店員からの感謝と謝罪の手紙で，やっと2人の心は晴れやかになる。

本教材における発問発想のポイント

子どもが日常の生活の中で，親切な行為をするか否かに迷う場面は多くあります。見て見ぬふりをする人も大勢いる中で，顔見知りか赤の他人であるかも，その判断に大きく影響します。また，自分本位な行為だけでは相手に伝わらないことも多いため，どれだけ相手の立場に立ち，どういう親切な行為が喜ばれるのかを理解することで問題意識をもつことができます。

本教材では，困っているおばあさんに遭遇し，すすんで親切にしたにも関わらず叱られてしまいます。2人は，お礼を言われたものの，納得していない様子であり，ここから親切な行為の難しさを考えさせることができます。また，店員からの手紙によって気持ちが晴れたものの，「もし手紙が届いていなかったら？」と問うことで，親切の本質にせまり，思いやりの心をもって，相手の立場で考えることの大切さを考えさせることができます。

「発問の立ち位置」による発問例

共感的発問

・おばあさんの困っている様子を見て，私はどう思ったか。
・店員さんに叱られた私は，どんな気持ちになったか。
・「いいえ，いいんです」に込められた思いとは。

分析的発問

・周りの人々は，なぜ気付いているのに手を貸さないのか。
・おばあさんからお礼を言われたとき，すっきりしなかったのはなぜか。

投影的発問

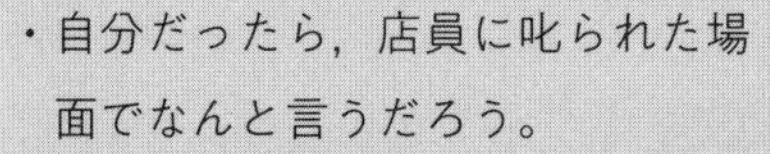
・自分だったら，店員に叱られた場面でなんと言うだろう。
・自分ならば，この２週間をどのような気持ちで過ごすだろうか。

批判的発問

・この話から，親切な行為は何のためにするのだと考えたか。
・もし，手紙が読まれなかったら，その後，親切な行為ができないだろうか。

上記の他の効果的な発問例

・目の前に困っている人がいる。さて，あなたは人を助けることはできるか。
・知らない人に「親切」にするには，どんな心掛けが必要か。
・親切にしたいと思ってもできないのは，何がいけないのか。

／問題追求を生み出す授業構想の例／

1　**主題名**　困っている人の身になって

2　**ねらい**　相手の立場に立ち，誰に対しても思いやりの心をもって，接していこうとする態度を育てる。

3　**展開の概要**

主な発問と子どもの意識の流れ	配慮事項ほか
1．目の前で困っている人を助けるか否か，その根拠について考えを出し合う。	◇その場で状況をつくり出し，問題意識をもたせる。
誰に対しても親切にするために，大切なことはなんだろう。	
2．教材「くずれ落ちただんボール箱」を読み話し合う。	
①周りの人々は，なぜ気付いているのに手を貸さないのか。……**分析**	◇見て見ぬふりをする大勢という現実問題を押さえる。
②おばあさんの困っている様子を見て，私はどう思ったか。……**共感**	◇力になりたいと考える２人の前向きさに共感させる。
③「いいえ，いいんです」に込められた思いとは。……**共感**	◇複雑な思いになる２人の気持ちを考えさせる。
❹もし，手紙が読まれなかったら，その後，親切な行為ができないだろうか。……**批判** ・困っている人が助かるならば関係ない。 ・誤解されてしまったので，迷ってしまう。 ・次は声をかける勇気が出ないかも。 ほか	◇子どもの考えを一覧で共有できるボードに入力し，分類してから交流する。
3．親切についての考えを整理する。 ⑤誰に対しても親切にするには，どんな心掛けが大切だろうか。 **4．教師の話をもとに，今後への意欲をもつ。**	◇「お礼を言われなくても」や「誰も見ていなくても」などの意見を拾いつつ，多様な考えに触れる。

授業展開の工夫と実際

①手伝いをする前と後の「わたし」の気持ちを比較して考える

大勢の人が見て見ぬふりをする中で，すすんで手伝っている前向きな気持ちと，店員の誤解から叱られてしまった後のむしゃくしゃした気持ちを比較させ，補助発問をしました。「ほめられたり，感謝されたりするため？」に悩みつつ，「自分のためではなく，困っている人のことを考えて……」という，「相手の立場に立っての思いやり」につながる考えが子どもから出てきます。

②批判的発問で，より「親切」に対する実践意欲を高める

２週間モヤモヤした時間が過ぎ，手紙が読まれたことで「親切な行為」の対価を実感したとの感想がありました。しかし，このまま授業のまとめに向かうと，「よい行いは，誰かが見てくれている」という感想になりがちです。そこで，手紙が届かなくても今後も「親切」にできるのかを問いました。それぞれの子どもの本音が聞かれ①親切にできる②迷ってしまう③勇気が出ないの３つに分類でき，実践意欲につながりました。

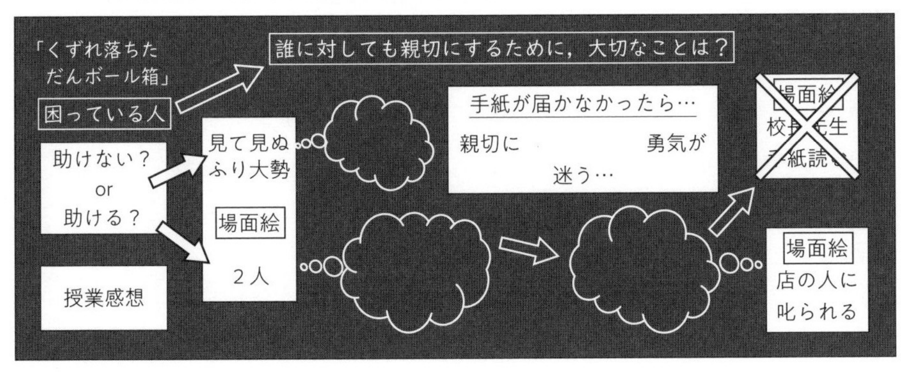

（小杉　純平）

高学年

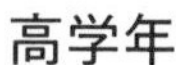

高学年

B－(8)感謝

最後のおくり物

使用教科書：日本文教出版

教材のあらすじ

俳優になる夢をもつ貧しいロベーヌに，劇団養成所の守衛ジョルジュじいさんが秘密で月謝代を送り応援する。ジョルジュじいさんが体を壊し，送金が滞ったことを機に，ロベーヌは送り主がジョルジュじいさんだったことに気付き，自ら看病すると名乗り出る。ジョルジュじいさんの書いた最後の手紙を読み，自分への温かい思いやりに気付き，夢に向かって頑張っていこうと決意する。

本教材における発問発想のポイント

本教材は，B－(7)親切，思いやりでも，B－(8)感謝でも生かすことができる教材です。B－(7)親切，思いやりで扱う場合，ジョルジュじいさんの言葉や行動から「親切にする側にも喜びや幸せがある」という思いに着眼させることが大きなポイントとなります。

一方，B－(8)感謝で生かす場合，ジョルジュじいさんの深い思いやりを受けたロベーヌが何かを決意したかのように，遠くに視線を移す場面から，「自分が支えられていることに感謝し，それに応えることの大切さ」について考えさせるところにポイントがあります。

親切，思いやりと感謝は人間愛の精神を根底にもち，切っても切り離せない関係にあります。1時間の授業で何を中心にして考えさせるのかがぶれないように，ねらいと発問を明確にして授業に臨むことが大切です。

「発問の立ち位置」による発問例

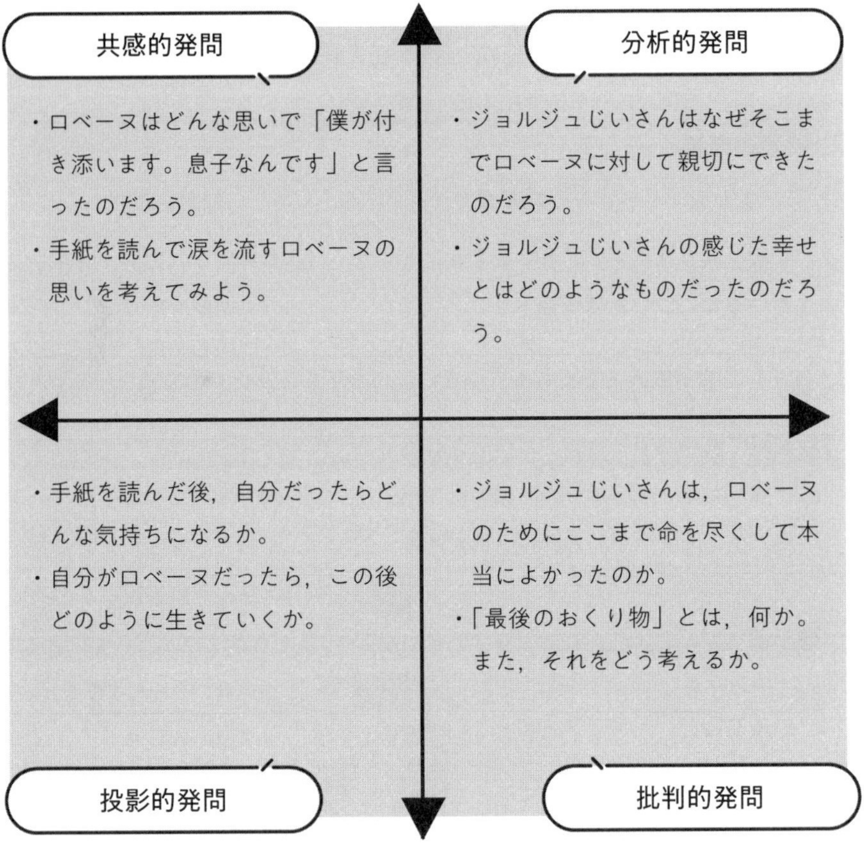

共感的発問	分析的発問
・ロベーヌはどんな思いで「僕が付き添います。息子なんです」と言ったのだろう。 ・手紙を読んで涙を流すロベーヌの思いを考えてみよう。	・ジョルジュじいさんはなぜそこまでロベーヌに対して親切にできたのだろう。 ・ジョルジュじいさんの感じた幸せとはどのようなものだったのだろう。
投影的発問	**批判的発問**
・手紙を読んだ後，自分だったらどんな気持ちになるか。 ・自分がロベーヌだったら，この後どのように生きていくか。	・ジョルジュじいさんは，ロベーヌのためにここまで命を尽くして本当によかったのか。 ・「最後のおくり物」とは，何か。また，それをどう考えるか。

上記の他の効果的な発問例

・普段，自分を支えてくれる人にどんな人がいるか。また，どんなことか。
・ジョルジュじいさんのような人の思いを感じたことはあるか。
・自分を支えてくれる人の思いにどう応えていきたいか。

問題追求を生み出す授業構想の例

1　**主題名**　思いに応える

2　**ねらい**　ロベーヌの思いを通して，支えられていることに感謝し，それに応えていこうとする心情を育てる。

3　**展開の概要**

<table>
<tr><th>主な発問と子どもの意識の流れ</th><th>配慮事項ほか</th></tr>
<tr><td>1．普段，自分を支えてくれている人にどんな人がいるかについて話し合う。</td><td>◇具体的なエピソードを生かして問題を掘り起こす。</td></tr>
<tr><td colspan="2">自分を支えてくれる人の思いにどう応えたらいいんだろう。</td></tr>
<tr><td>2．教材「最後のおくり物」を読み話し合う。
①ロベーヌはどんな思いで「僕が付き添います。息子なんです」と言ったのだろう。……共感
❷手紙を読んで涙を流すロベーヌの思いを考えてみよう。……共感
・僕のためにここまでしてくれる人がいるなんて幸せだ。
・ジョルジュじいさんの思いを無駄にせず，絶対に俳優になるぞ。
③自分がロベーヌだったら，この後どのように生きていくか。……投影
3．テーマについて感じたことや考えたことを書き込む。</td><td>◇①では，ジョルジュじいさんの思いを知らずに恨んでしまった申し訳なさと共に，「恩返しがしたい」「自分にできることをしたい」という感謝の気持ちを出させる。

◇❷手紙を読み，何かを決意するところまで含めて考えさせる。「どんな思いをもち，何を決意したのか」などと問うてもよい。</td></tr>
</table>

授業展開の工夫と実際

①B－(8)感謝で扱う場合は，ロベーヌを中心に

「ジョルジュじいさんはなぜそこまでロベーヌに対して親切にできたのだろう」と発問すると，親切や思いやりの中身の話になってしまいます。ここでは，ロベーヌを中心に，「ジョルジュじいさんの温かな思いやりと親切に触れて，どのようにその後の生き方を変えていったか」を考えるとよいでしょう。さらに，普段の自分の生活と結びつけて考えさせることも大切です。自分を支えてくれる人々に感謝し，それに応えて自分は何をすべきかを考え，行動していけるような気持ちを高めていきたいものです。

②「最後のおくり物」をあてる授業にならないように

本教材の題名である「最後のおくり物」は，示唆的，暗示的な言葉です。思わずそこを問いたくなってしまいますが，そこをあてたからと言って道徳的な価値の理解が深まったとは言えません。そこをきっかけにして，ロベーヌや自分の今後の生き方にどうつながるかを考えさせることが大切です。

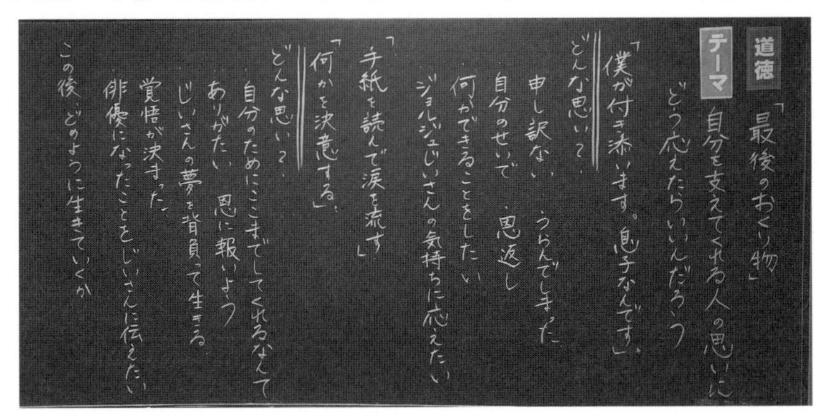

（鈴木　賢一）

高学年

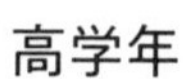

高学年

B －(10)友情，信頼

ロレンゾの友達

使用教科書：光村図書

教材のあらすじ

20年ぶりにロレンゾが故郷へ帰ってくるという知らせがきた。幼馴染みであり，親しい仲にあったアンドレ，サバイユ，ニコライは彼の帰郷を喜んでいた。しかし，３人はロレンゾが罪を犯し，警察から追われているという情報を耳にする。３人は，ロレンゾに対して，どのような対応をとるのが友達として大切なのかそれぞれの立場を主張する。

本教材における発問発想のポイント

アンドレ，サバイユ，ニコライのそれぞれの考えは，１人の人間の心の葛藤を表していると言えます。そこで，誰の考え方が正しいのかという捉え方ではなく，３人とも葛藤しながらロレンゾのことを真剣に考えているところに注目させながら信頼とは何かを考えさせるようにします。

特にかしの木の下で３人は，ロレンゾの安否を気遣ったり，自分の対応が本当にふさわしいのかどうか悩んだりして，眠れないまま夜を明かします。約束の日の翌日に無罪だったロレンゾが３人のもとに現れます。そこでは，ロレンゾの無罪を信じていたアンドレの気持ちや，改めてロレンゾへの対応について考え込む３人の葛藤などを通して，友達との信頼関係について考えさせることがポイントとなります。

「発問の立ち位置」による発問例

共感的発問

・3人は，それぞれどのような思いで夜を過ごしたのだろうか。
・ロレンゾが無実だとわかったとき，3人はどんなことを考えたか。それぞれの立場で想像してみよう。

分析的発問

・3人が共通して考えているロレンゾへの友達としての思いは，どのようなことだろう。
・なぜ3人の友達は，かしの木の下で話し合ったことを口にしなかったのだろうか。

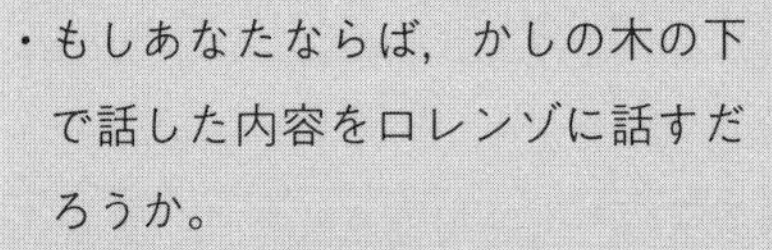

投影的発問

・もしあなたならば，かしの木の下で話した内容をロレンゾに話すだろうか。
・もしあなたの立場ならば，ロレンゾにどんなことをしてあげられそうか。

批判的発問

・3人の考えのうち，自分の考え方に一番近いものはどれだろう。
・包み隠さず本当の事を話し合えるのが友達ではないのか。
・悪事に手を貸すことは友達として許されることなのか。

上記の他の効果的な発問例

・「友達だから○○できる」というとき，「○○」に何が入るだろう。
・友達の関係で，自分が大事にしていることは何だろう。
・この話の中で，自分の友達との生活に生かせそうなことはあるか。

／問題追求を生み出す授業構想の例／

1　**主題名**　友の在り方

2　**ねらい**　友達の在り方について熟考し，友達との信頼関係づくりに生かしていこうとする意欲を育てる。

3　**展開の概要**

主な発問と子どもの意識の流れ	配慮事項ほか
1．「友達だから○○できる」というときの「○○」に何が入るか考える。 **2．教材「ロレンゾの友達」を読み話し合う。**	◇子どもの考えを想起させ，テーマへの意識を高める。 ◇教材から，子ども自身が主体的に考えられる問いを創り出したい。
友達の在り方について考えよう。	
①3人の考えのうち，自分の考え方に一番近いものはどれだろう。自分の考えと違う2人に質問を考えてみよう。……批判 ❷もしあなたならば，かしの木の下で話した内容をロレンゾに話すだろうか。……投影 言った方がよい ・ロレンゾは3人が心配してくれたことが嬉しいと思うはずだ。 言わない方がよい ・ロレンゾがきっと悲しむと思う。　ほか	◇①では，異なる考えの人との対話を通して，各自の見方・考え方を磨かせたい。 ◇❷では，友達として言うか，言わないか，ロレンゾの意向を含んだ二軸四象限をもとに価値観を多面的・多角的に交えさせる。
3．友達との信頼関係の中で生かしていきたいことを自分なりに考える。 ③もしあなたの立場ならば，ロレンゾにどんなことをしてあげられそうか。……投影	◇友達との信頼関係で大切なことをまとめさせる。

授業展開の工夫と実際

①友情観を多面的・多角的に考えさせ，多様な考えに触れ合う機会をつくる

登場人物３人の立場を通して自分の考えを明確化し，互いに見方・考え方・感じ方を異にする友達の意見に触れることは子どもの価値観を刺激することになります。また，投影的な発問をきっかけとして対話することで，分析的・批判的な問いも互いにし合って，友情観を深め合うことができます。

高学年

② ICT によるポジショニングで多様な考えに触れさせる

「もしあなたならば，ロレンゾにかしの木の下で話したことを話すだろうか」という発問では，二軸四象限にロレンゾが「言ってほしいと考えるから」「言ってほしくないと考えるから」というロレンゾの意向を軸として考えました。

また，グループワークを通して対話をすることで，友情観を一層磨き合うことができると考えられます。

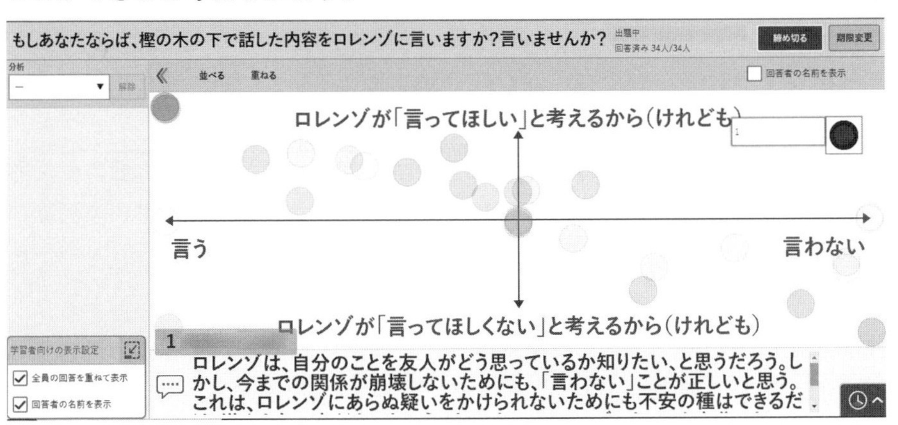

（古見　豪基）

B－(11)相互理解，寛容

銀のしょく台

使用教科書：東京書籍

教材のあらすじ

19年の刑期を終えて，行く先がないジャン・バルジャンにミリエル司教は教会で食事と寝床を施す。しかし，ジャンは司教の大切な銀の食器を盗み，逃げてしまう。翌日，警察に捕らえられたジャンに対し，司教は銀の食器ももう１つ大切なものである銀の燭台もジャンにあげたものであると述べる。司教の寛容の心にジャンは，震える手で銀の燭台を握りしめて，ぼうぜんと立ち尽くすだけであった。

本教材における発問発想のポイント

本教材は，ジャンが親切にしてくれた司教の銀食器を盗んでしまうが，それにもかかわらず，警察官に囚われの身となったジャンの行為を司教が許すという内容です。

ジャンを許した司教の内心である「寛容」の心とはどういう心なのかを考えさせます。また，その際に，司教の見方・考え方はどうなっているのか，司教は，ジャンのどのようなところを見ているのか（ジャンのこれまでの生い立ちや今後の人生の歩み方など）を深く考えさせることがポイントとなります。司教やジャンの立ち位置を意識した発問によって，子どもの発言を多様に導き出し，対話を通して，「寛容」の心について深く追求させていきたいと考えます。

「発問の立ち位置」による発問例

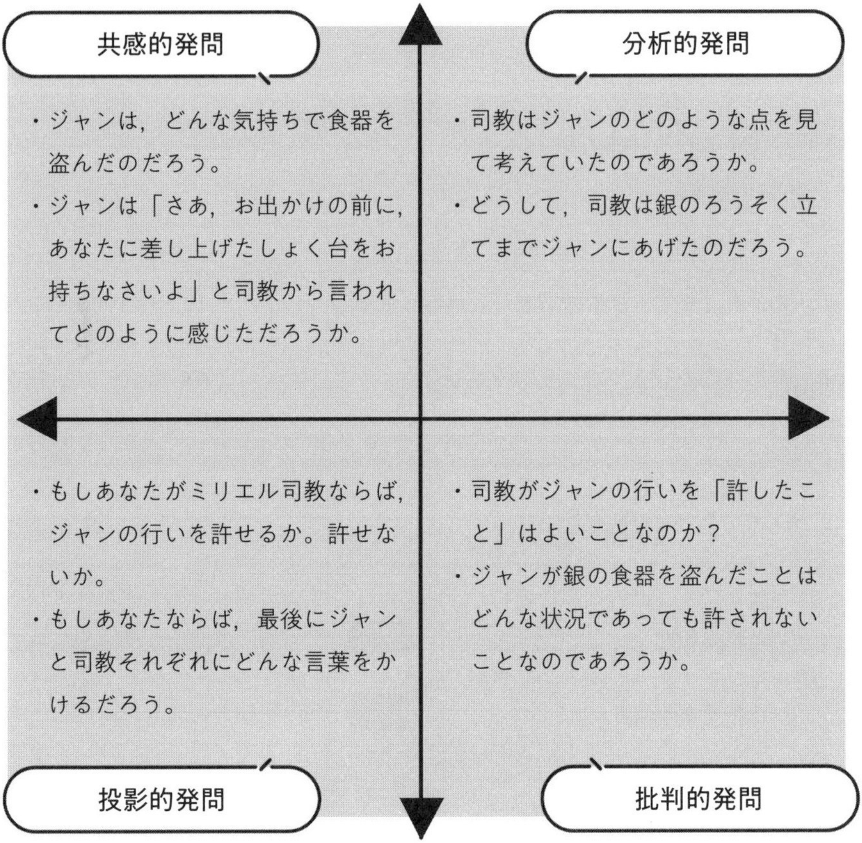

共感的発問

・ジャンは，どんな気持ちで食器を盗んだのだろう。
・ジャンは「さあ，お出かけの前に，あなたに差し上げたしょく台をお持ちなさいよ」と司教から言われてどのように感じただろうか。

分析的発問

・司教はジャンのどのような点を見て考えていたのであろうか。
・どうして，司教は銀のろうそく立てまでジャンにあげたのだろう。

投影的発問

・もしあなたがミリエル司教ならば，ジャンの行いを許せるか。許せないか。
・もしあなたならば，最後にジャンと司教それぞれにどんな言葉をかけるだろう。

批判的発問

・司教がジャンの行いを「許したこと」はよいことなのか？
・ジャンが銀の食器を盗んだことはどんな状況であっても許されないことなのであろうか。

上記の他の効果的な発問例

・「広い心」とは，どのような心を言うのだと思うか。
・司教のような心の広さを感じたことはあるか。それは，どんなことか。
・このあとジャンはどのような人生を歩むのだろうか。

問題追求を生み出す授業構想の例

1　**主題名**　広い心をもって

2　**ねらい**　司教の人間を見る見方・考え方・感じ方を通して，広い心をもつ素晴らしさについて考えを深め，明日の自己の生き方に生かそうという意欲を育む。

3　**展開の概要**

主な発問と子どもの意識の流れ	配慮事項ほか
1．相手を「許す」上で大切なことはなにか話し合う。 **2．教材「銀のしょく台」を読み話し合う。**	◇子どもの価値観を想起し，テーマに対する意識を高めていきたい。 ◇子ども自身が主体的に教材から考えたい問いを創り出せるようにする。
司教の「許し」にはどういう意味があるのだろう。	
①司教がジャンの行いを「許したこと」はよいことなのか？……批判 ❷司教はジャンのどのような点を見て考えていたのであろうか。……分析 ・ジャンの背景にある家族のことなどを考えて。 ・ジャンの今後の可能性を信用した。 ・ジャンのこれまでの立場や状況や気持ちに立って。　ほか	◇司教の「許した」ことについて多面的・多角的に捉えさせるようにしていく。 ◇司教の人間を見る見方・考え方・感じ方について本質的に深く考えられるようにしていく。
3．学習したテーマを自分のこととして結びつけるために自分の立場で振り返る。 ③もしあなたならば，最後にジャンと司教それぞれにどんな言葉をかけるだろう。……投影	◇学んだことを基に自分事として捉える中で，さらにテーマについて追求し続けるようにする。

授業展開の工夫と実際

①司教がジャンを「許した」行為について多面的・多角的に考えさせていく

司教がジャンを「許した」行為についてのメリット・デメリットをスケール図を使って考えさせます。スケール図で，自分の立場を明確にするとともに，自分の考えた理由や根拠をノートに書いておくことで自分の見方・考え方がはっきりした分，自信をもって対話に参加できます。また，スケール図では学級全員の立場を知ることができるため，自分と異なる多様な意見に触れることができ，自分の見方・考え方に広がりや深まりをもたせることができます。

②本質的・分析的な発問をすることでテーマを深く追求させる

司教の「寛容」の心について考えさせる上で，当時の時代背景や国民の経済状態，ジャンを取り囲む状況や生活などを含めて，司教が人間を見る上で何を大切にしているのか，司教の見方・考え方・感じ方を行為と心の両側面から考えられるように図や絵に表現させて熟慮をさせるようにしていきます。

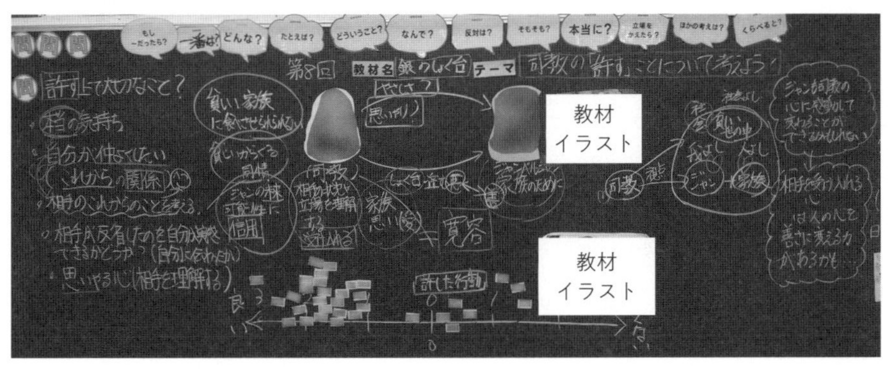

（古見　豪基）

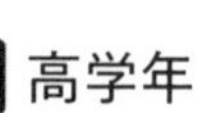

B －(11)相互理解，寛容

ブランコ乗りとピエロ

使用教科書：光村図書

教材のあらすじ

ブランコ乗りのサムは，サーカス団の古くからのスターであり，団員たちのリーダーでもあるピエロの演技の時間までも使ってしまう。そんなサムの態度にピエロはいつも腹を立てていたが，演技を終えたサムの疲れはてた姿を見て，サムの演技がどうして観客の心を打つのか理解する。ピエロはサムにお互いに自分だけスターだという気持ちを捨てようと伝える。その言葉から団員たちは団結する。

本教材における発問発想のポイント

本教材では，今まで自分勝手な行動をするサムに腹を立てていたピエロの心情の変化について考えさせます。ピエロの心情が変化した大きな要因はサムの演技に対するひたむきな姿勢です。はじめのうちは「サーカスのスター」でありたいという思いから，ピエロはサムの演技に対する思いや姿勢に気付くことができていません。そのため，サムの演技を見た後のピエロの心情について発問を設定していきます。

また，本教材は「相互理解，寛容」についての学習です。ピエロとサムだけでなく，２人のやり取りから周りの団員はどのように考えているかを問うことも大切です。団員たちの心の変化についても考えさせましょう。

「発問の立ち位置」による発問例

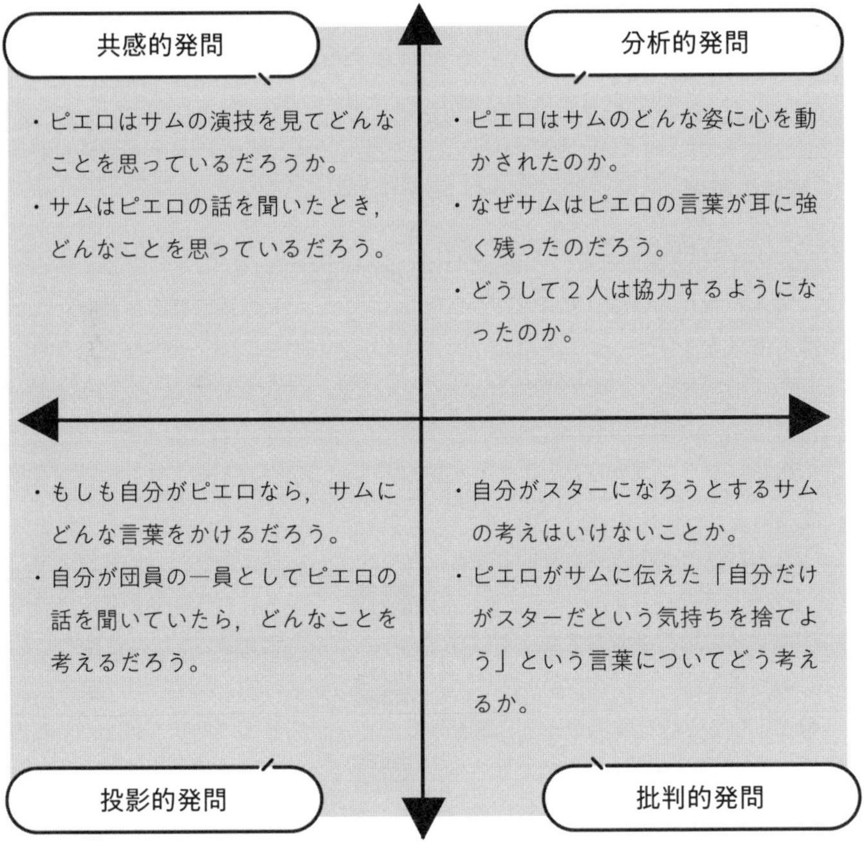

上記の他の効果的な発問例

・考えの違う人とよりよい関係を築くためには何が必要なのだろう。
・この２人の話から，自分の今の生活に生かせそうなのはどんなことか。
・自分が団員だったら，どのように２人と関わっていくだろうか。

問題追求を生み出す授業構想の例

1　**主題名**　分かりあうために

2　**ねらい**　考えの違う者どうしが関わり合って暮らすためにはどんな心が必要かを考えさせ，広い心で相手の思いや立場を尊重しようとする心情を育てる。

3　**展開の概要**

主な発問と子どもの意識の流れ	配慮事項ほか
1．考えが違う人に対して自分はどう接しているか考える。	◇自分の姿勢を想起し，テーマについて問題意識をもつ。
考えの違う者どうしがよりよい関係を築くためには何が必要か。	
2．教材「ブランコ乗りとピエロ」を読み話し合う。 ①ピエロはサムの演技を見てどんなことを思っているだろうか。……共感 ②なぜサムはピエロの言葉が耳に強く残ったのだろう。……分析 ❸どうして2人は協力するようになったのか。……分析 ・お互いのサーカスに対する思いを知ったから。 ・よりよい演技をしたいから。　ほか	◇サムとピエロの一枚絵を用意する。 ◇ピエロがサムの演技のすごさに共感していることに着眼させる。 ◇ピエロとサムのそれぞれの思いについて考えた後，2人がどうして協力するようになったのかを話し合う。
3．2人の姿から生かせることを考える。 ④自分が団員だったら，どのように2人と関わっていくだろうか。 **4．相手を理解することについて書き込む。**	◇発表し合う中で，考えが違う者どうしがよりよい関係を築くために何が必要かについて考えを深めさせる。

／授業展開の工夫と実際／

①ピエロとサムの思いを共感的・分析的な発問で深く考える

ピエロとサムのサーカスについてのそれぞれの思いを共感的・分析的な発問をして深く考えていきます。それぞれがお互いをどう思っていたのか，そしてなぜその思いが変わっていったのかを考えさせていきます。ポイントは「サムの演技を見たピエロの思い」です。ピエロが懸命に演技するサムの姿から何を感じ取ったのかを丁寧に考えさせて生かすようにします。

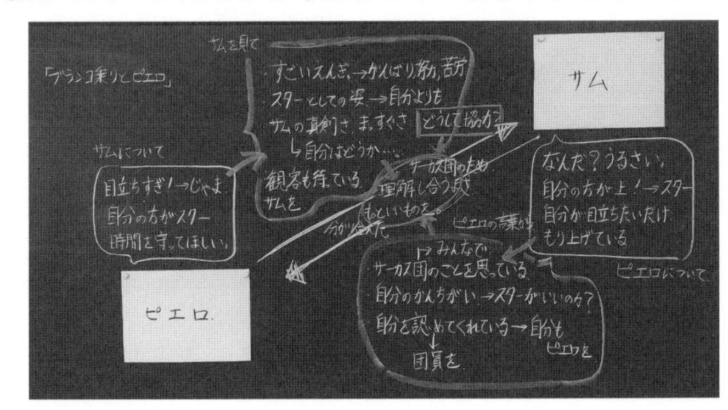

②第三者としての団員の思いを掘り起こす

本教材はピエロとサムの物語のように感じられます。しかし，内容項目は「相互理解，寛容」です。「２人」だけの視点では「友情」と捉えることができます。そのために同じサーカス団である「団員」の思いも大切にしたいものです。普段の生活においても，自分が当事者ではなく，「団員」のような立場にいることも多くあります。そこで，自分の生活経験を想起することをねらいながら，「自分が団員だったら，どのように２人と関わっていくだろうか」と問います。「仲良く」などの意見については，「どうして」と切り返し，行動の根拠となる思いや考えを共有し合うようにします。

（遠藤　信幸）

B －(11)相互理解，寛容

すれちがい

使用教科書：光村図書

教材のあらすじ

マミを書道教室に誘ったえり子は，待ち合わせ時間についてはあとで電話することにした。しかし，後でえり子が電話をしてもマミは気付かない。一方のマミは待ち合わせ時間を２時と勝手に決め，えり子の母に伝言した。えり子は買い物に時間がかかってしまい，結局マミは公園で待つことになる。互いに会えないまま書道教室に行くが，マミはえり子の言い分を聞こうとしない。

本教材における発問発想のポイント

「すれちがい」は子どもたちの生活においても起こりうるできごとです。そのためにマミとえり子のそれぞれの相手に対する思いに共感させながらも，具体的な行動として何が足りなかったのかを考えさせることが大切です。そのためには，時系列的に「すれちがい」が起きてしまった場面とそこで起こってしまったできごとでの問題を明確にしていく必要があります。ただ「どちらが悪いか」ということを明確にするのではありません。「相互理解，寛容」の学習として，２人のそれぞれに不十分なところを考えることが大切です。

本教材の「すれちがい」の場面は子どもたちの生活にも数多くあります。そういった場面に出くわした際に，きちんと思いや考えを伝えながら考えられるように授業の中で役割演技の場を設定します。

「発問の立ち位置」による発問例

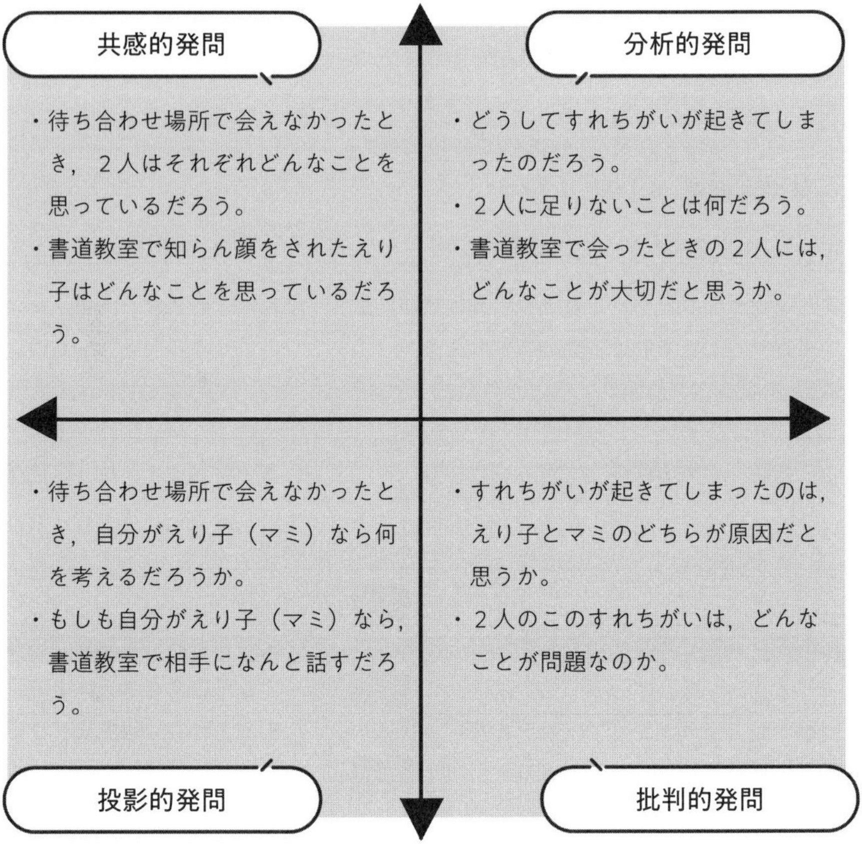

共感的発問

・待ち合わせ場所で会えなかったとき，2人はそれぞれどんなことを思っているだろう。
・書道教室で知らん顔をされたえり子はどんなことを思っているだろう。

分析的発問

・どうしてすれちがいが起きてしまったのだろう。
・2人に足りないことは何だろう。
・書道教室で会ったときの2人には，どんなことが大切だと思うか。

投影的発問

・待ち合わせ場所で会えなかったとき，自分がえり子（マミ）なら何を考えるだろうか。
・もしも自分がえり子（マミ）なら，書道教室で相手になんと話すだろう。

批判的発問

・すれちがいが起きてしまったのは，えり子とマミのどちらが原因だと思うか。
・2人のこのすれちがいは，どんなことが問題なのか。

上記の他の効果的な発問例

・わたしたちの毎日の生活で，心のすれちがいを感じるのはどんなときか。
・すれちがいをして困っている友達がいたら，どんなアドバイスができそうか。

／問題追求を生み出す授業構想の例／

1　**主題名**　相手の立場に寄り添って

2　**ねらい**　友達とすれちがいが起きてしまったらどうすればいいかを考え，相手のことを広い心で受け止め，適切に対処しようとする実践意欲と態度を育てる。

3　**展開の概要**

主な発問と子どもの意識の流れ	配慮事項ほか
1．友達とすれちがったときの自分の経験を振り返り，どうすればよかったか考える。	◇各自の経験から，テーマについての問題意識をもつ。
友達とすれちがいが起きたらどうすればよいのだろう。	
2．教材「すれちがい」を読み話し合う。 ①待ち合わせ場所で会えなかったとき，２人はそれぞれどんなことを思っているだろう。……共感	◇２人のできごとを上下に分けて板書し，視覚的に捉えさせる。
②どうしてすれちがいが起きてしまったのだろう。……分析	◇板書をもとにすれちがいが起きた原因を考えさせる。
❸もしも自分がえり子（マミ）なら，書道教室で相手になんと話すだろう。……投影 ・きちんと電話したけれど…。 ・勝手に時間を決めてしまったから…。 ほか	◇それぞれの立場を演じさせて，互いの不十分なところを考えられるようにする。
3．２人の姿から生かせることを考える。 ④「すれちがい」が起きたとき，自分はどうすればよいか考えてみよう。 **4．寛容さについて自分の考えを書き込む。**	◇発表し合う中で，すれちがいが起きたときにどうすればよいか考えさせる。

授業展開の工夫と実際

①2人のできごととそれぞれの思いを時系列で分析する

本教材は，マミとえり子がすれちがう様子が捉えやすいように文章が上下に分かれています。すれちがいの具体的な様子とそれに伴うそれぞれの思いについて視覚的に捉えられるように板書も上下の構造にまとめていくと，理解がしやすくなります。

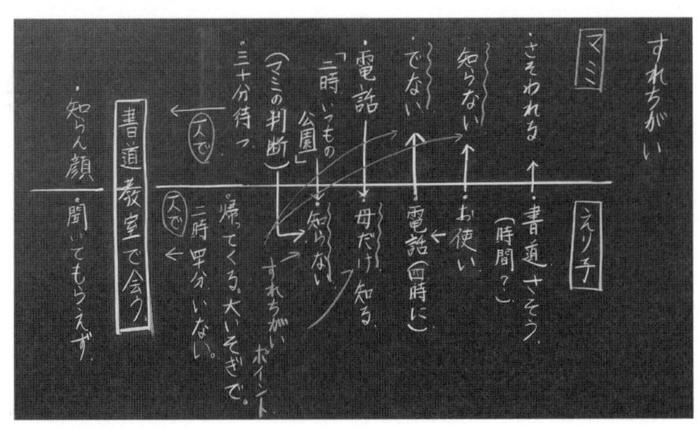

②投影的発問でそれぞれの人物を演じて考える

本教材は２人がすれちがった状況のままで話が終わってしまっています。そのために，この後の様子やそのすれちがった場所での互いの思いについて考えさせる必要があります。そうすることで実際の生活においてすれちがった場合にどうすればよいか子どもたちも具体的な行動を考えることができます。なお，役割演技の際は，マミとえり子を演じる２人の児童だけでなく，周りの友達にも，客観的な立場で２人の行動に対してアドバイスをさせるように促すと，より話合いを深めることができます。

（遠藤　信幸）

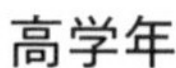

C－(12)規則の尊重

お客様

使用教科書：学研

教材のあらすじ

念願の遊園地のキャラクターショーにやってきた私と家族。ステージの前は徐々に混み合い，それぞれの客が，ステージを見るために危険な行為に及ぶようになる。係員が注意を促すが，誰もがなかなか聞き入れず，子どもを肩車する男性にいたっては，「お金を払っているから権利がある」との主張をしている。係員が謝罪する姿から，私は「何か，変だ」と違和感をもち始める。

本教材における発問発想のポイント

５年生で学習する場合には，まだ社会科で政治の学習をしていないため，「権利」と「義務」については，「やってもいいこと」「しなければならないこと」ぐらいの簡単な補足が必要です。そうすることできまりを守ることは，皆が安心して生活するために大切であるとする価値理解につながります。

本教材では，観客全員が「ショーを楽しむ権利」をもっていることに着目させ，自分の権利だけを主張する客の立場での振る舞いについて，それぞれが身勝手に権利を主張することでの弊害から人間理解を深められます。また，客としての権利を主張し，周囲の同調から係員が謝罪するに至ったことに対する違和感から，自分の権利を正しく主張するとともに，義務の遂行に向けて考えを深めることで，法やきまりを守ることでの他者理解の大切さについても考えていくことができます。

「発問の立ち位置」による発問例

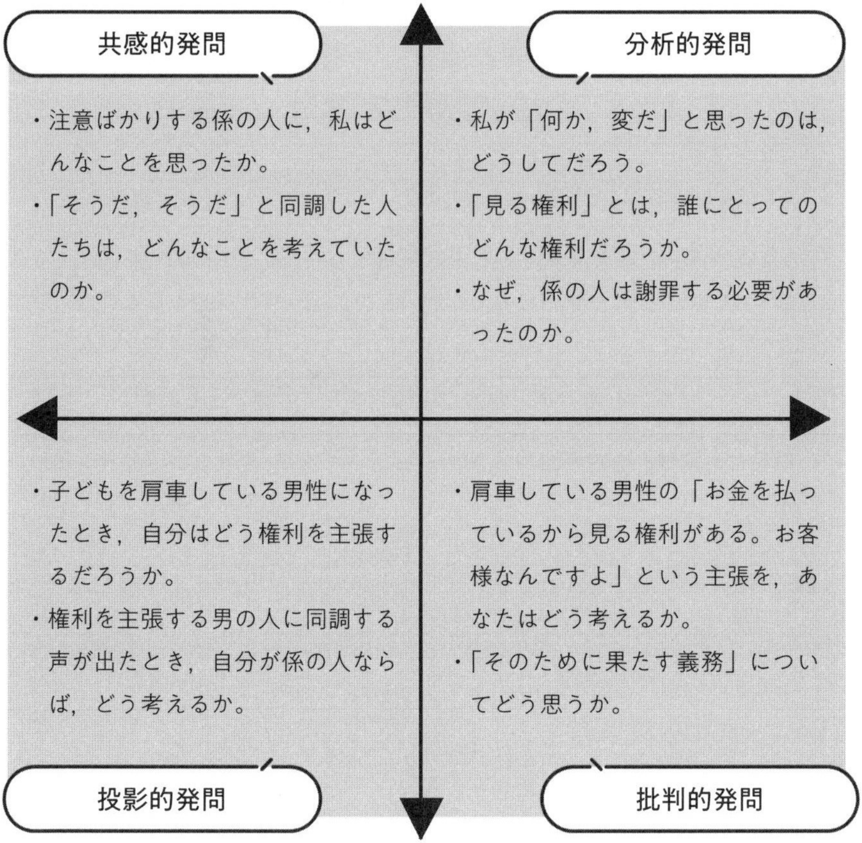

共感的発問

・注意ばかりする係の人に，私はどんなことを思ったか。
・「そうだ，そうだ」と同調した人たちは，どんなことを考えていたのか。

分析的発問

・私が「何か，変だ」と思ったのは，どうしてだろう。
・「見る権利」とは，誰にとってのどんな権利だろうか。
・なぜ，係の人は謝罪する必要があったのか。

投影的発問

・子どもを肩車している男性になったとき，自分はどう権利を主張するだろうか。
・権利を主張する男の人に同調する声が出たとき，自分が係の人ならば，どう考えるか。

批判的発問

・肩車している男性の「お金を払っているから見る権利がある。お客様なんですよ」という主張を，あなたはどう考えるか。
・「そのために果たす義務」についてどう思うか。

上記の他の効果的な発問例

・混雑状況にある写真を見て，どんな気持ちがするか想像してみよう。
・ルールやきまりは，誰のために，何のためにあるのだろう。
・きまりを守ってさえいれば，権利は守られるのか。

／問題追求を生み出す授業構想の例／

1　**主題名**　権利と義務の関係ときまりについて考える

2　**ねらい**　自他の権利を大切にし，自己の義務を果たすために，きまりやマナーを守ろうとする判断力を養う。

3　**展開の概要**

主な発問と子どもの意識の流れ	配慮事項ほか
1．「混雑状況」の写真を見て，どんな気持ちがするか，どうしたら快適になるか想像して，話し合う。	◇教材への関心を高め，きまりをつくることから，学習問題につなげる。
きまりがあれば，みんなの権利を守って過ごせるのか。	
2．教材「お客様」を読み話し合う。 ①注意ばかりする係の人に，私はどんなことを思ったか。……共感 ❷肩車している男性の「お金を払っているから見る権利がある。お客様なんですよ」という主張を，あなたはどう考えるか。……批判 ・お金を払っていてもきまりは守るべき。 ・みんなにも平等に見る権利がある。 ・他の人の権利をうばわない義務がある。 ③私が「何か，変だ」と思ったのは，どうしてだろう。……分析	◇「権利」と「義務」について簡単に補足する。 ◇わたしの不満に共感して考えさせる。 ◇それぞれに「権利」があることと，全ての「権利」を主張することが難しいことを押さえる。 ◇わたしの心境の変化について，協働的な学びとなる仕掛けをする。
3．「きまり」の役割について考える。 ④きまりを守ってさえいれば，権利は守られるのか。 4．「権利」と「義務」の関係を図示する。	◇ICT を活用し，矢印やチャートで図示する。

授業展開の工夫と実際

①批判的発問で，主題にせまるきっかけとする

「権利」というものは，行為の正当性の根拠であり，誰にでも認められているものです。しかし，1人が権利を主張することで，他の人の権利が損なわれてしまうことも往々にして起こります。そこで折り合いを付けるものが，きまりを守る「義務」です。本時は，本教材での中心的な発問から，みんなの「権利」に視野を広げることで，考えを深めることができました。

高学年

②登場人物の感じた違和感に共感しながら展開する

係の人が頭を下げた場面での「何か，変だ」という思いに共感させて考えることで，一部の人の主張によって，その他大勢の「権利」が損なわれること，「きまりを守る」という根本的なことに着眼させることができました。「権利」を認める以上，多くの人が「権利」を行使できるような「きまりを守る義務」が生じることに納得した子どもが多くいました。また，最後にわたしがもう一度考えたことを問うことで，自己の振り返りへとつなげられました。

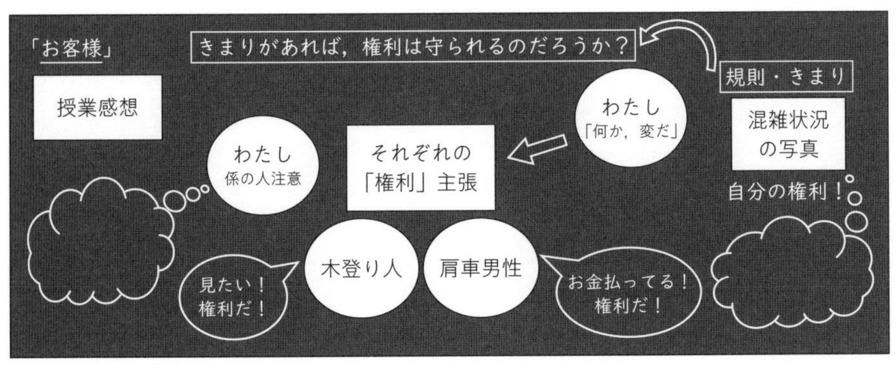

（小杉　純平）

D－(20)自然愛護

一ふみ十年

使用教科書：光村図書

教材のあらすじ

富山県南東部にある立山の自然についての物語である。勇は初めて間近に見た立山の美しさに見とれてしまい，遊歩道から足が出てしまう。それを見た自然解説員の松井さんは勇を注意する。松井さんは勇に立山には「一ふみ十年」という言葉があることを伝える。この言葉は高山植物を踏みつけると元通りになるまでに十年かかるという意味である。勇はこの言葉を胸に刻み付ける。

本教材における発問発想のポイント

本教材では，「自然を大切にしていこう」とする心情を育むだけではなく，人間は自然とどのように共存していけばいいのかという点についても考えさせていくことが大切です。そのため，勇が父の「高山植物を大切に」という言葉を聞いていたにも関わらず，そのような行動ができなかったことや「一ふみ十年」という言葉の意味をどのように捉えたのかということについても問うていくことが重要です。

本教材は「自然愛護」についての教材であるため，「大切にしていきたい」という言葉だけで終わるのではなく，自分たちの自然に対する関わり方をきちんと見つめさせ，身近な自然に対して自分ができることについて考えを深められるようにすることが大切です。そして，振り返りの発問では，今までの自然について自分の姿勢を見つめさせます。

「発問の立ち位置」による発問例

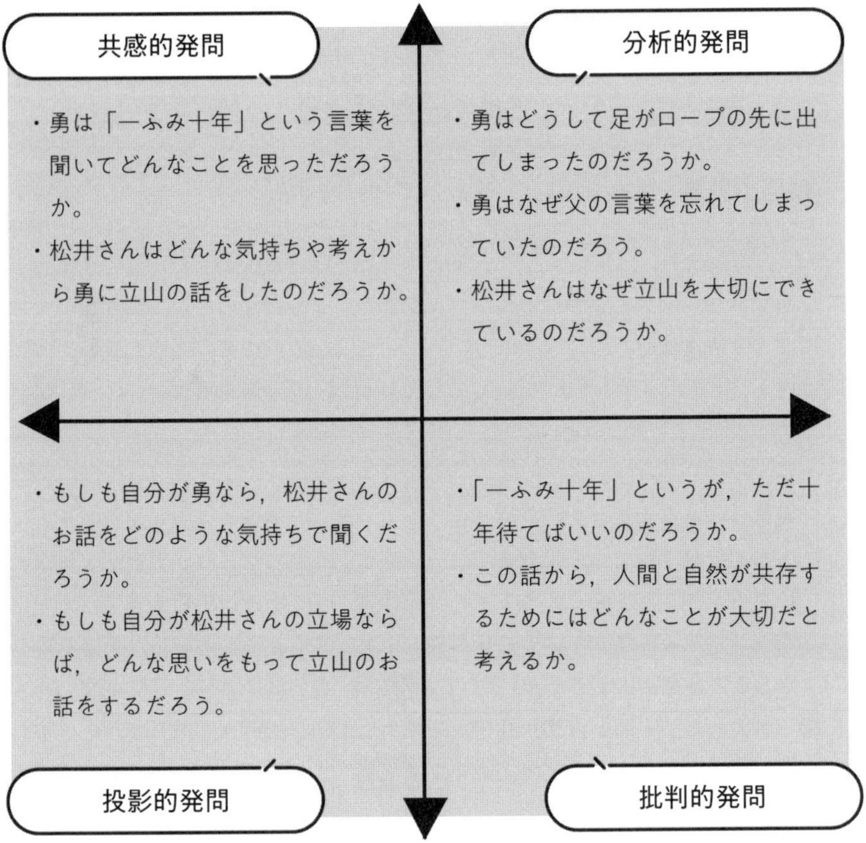

上記の他の効果的な発問例

・自分はどのような姿勢や態度で自然に関わってきただろう。
・身近な自然に対してどんなことができるか，考えてみよう。
・自然を大切にしていく上で大切な考えとは何だろう。

／問題追求を生み出す授業構想の例／

1　**主題名**　自然を大切に

2　**ねらい**　自然と人がどう関わっていくのがよいのかを考えさせ，人間と自然との共存の在り方に関心をもち，自然環境を大切にしていこうとする心情を育てる。

3　**展開の概要**

主な発問と子どもの意識の流れ	配慮事項ほか
1．自然環境に対して自分はどのように関わってきたか考える。	◇自然についての今までの自分の在り方を想起し，問題意識をもつ。
自然を大切にしていく上で大切な考えとはなんだろうか。	
2．教材「一ふみ十年」を読み話し合う。 ①もしも自分が勇なら，松井さんのお話をどのような気持ちで聞くだろうか。……**投影** ②勇は「一ふみ十年」という言葉を聞いてどんなことを思っただろうか。……**共感** ❸この話から，人間と自然が共存するためにはどんなことが大切だと考えるか。……**批判** ・人間が自然のよさを感じるように努める。 ・自然のよさや尊さを広めていく。　ほか	◇映像で立山を確認する。 ◇自然について自分が思っている以上に考えていなかった勇の心情に共感させる。 ◇松井さんの言葉からどうしたら人間と自然が共存することができるか話し合う。
3．松井さんの言葉で生かせることを考える。 ④松井さんの言葉から何を考えたか。	◇松井さんの言葉や思いから自分のこれからの生活に生かせることを考える。
4．身近な自然に対して，どんなことができるかを考える。	◇身の回りの自然に目を向けさせる。

／授業展開の工夫と実際／

①立山の自然を身近に感じさせる ICT 活用

本教材では立山の高山植物が取り上げられています。「自然愛護」では実際に自然に触れ合うことでより心情を育むことができますが，教材の性格上，実際のものを見せるのは容易ではありません。そのため，ここではICT を活用します。導入でも教材を読んだ後でもよいので，実際に自分で立山やチングルマをタブレットで調べて確認する時間を設定するなどして，子どもたちに高山植物に対して興味をもたせるようにします。

②共感的・分析的な発問で松井さんの思いを掘り起こす

本教材は勇だけの視点で授業を進めてしまうと高山植物を大切にしていなかった「反省」の意見が多くなってしまう可能性があります。そうしないためにも，自然を大切にしている松井さんに視点を当てた発問も設定する必要があります。「松井さんはどんな気持ちや考えから勇に立山の話をしたのだろうか」「松井さんはどんな考えから立山を大切にしているのだろう」などと問うことによって，松井さんの立場をもとにして，人間と自然の共存についての考えを深めさせることができます。

（遠藤　信幸）

D－(21)感動，畏敬の念

青の洞門

使用教科書：日本文教出版

教材のあらすじ

主人殺しの大罪を犯した了海が，多くの人が命を落としている川の岸壁に洞門を掘り，命を救うことで罪を償う決意を固める。ある日，了海が殺した主人の息子，実之助が仇討ちに来る。しかし，石工たちの反対もあり，完成するまで共に洞門を掘り，待つことにした。掘り始めて21年，ついに洞門が完成した。了海の信念の尊さに心打たれた実之助は仇討ちをやめ，完成を喜んだ。

／本教材における発問発想のポイント／

この教材を読んだときに子どもたちが疑問をもつのは，「なぜ実之助は了海を切らなかったのか」というところでしょう。特に最後の洞門完成の場面で，「実之助の心から復讐心が消えたのはなぜか」や「何が実之助の心を変えたのか」といった問いを中心に，たっぷりと時間をかけて議論するとよいでしょう。

本教材では，まず「了海の，自分の罪を抱えながらも，よりよく生きようとしている姿」や「信念を貫き通し，人を救うために自らの人生を賭した姿」に人間の心の美しさや気高さを感じることが１つ目のポイントです。さらに，そこに触れて変容した実之助の心を捉えることが２つ目のポイントとなります。実之助の視点を中心に発問をしていきながら，本時のテーマである「人間の美しい心」にせまっていきましょう。

／「発問の立ち位置」による発問例／

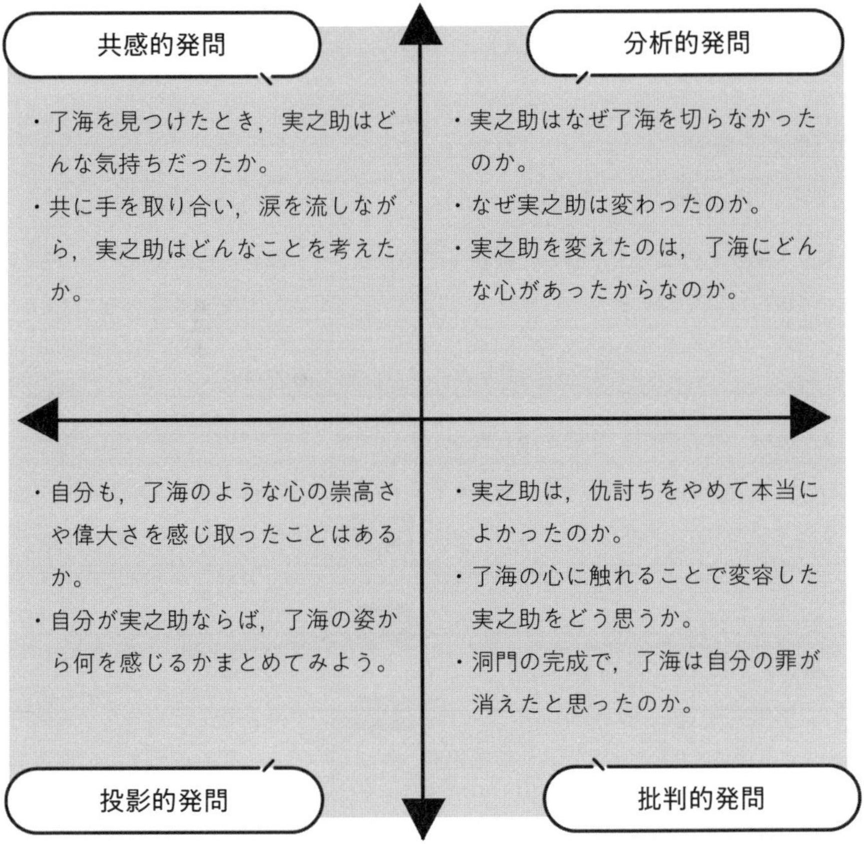

共感的発問

・了海を見つけたとき，実之助はどんな気持ちだったか。
・共に手を取り合い，涙を流しながら，実之助はどんなことを考えたか。

分析的発問

・実之助はなぜ了海を切らなかったのか。
・なぜ実之助は変わったのか。
・実之助を変えたのは，了海にどんな心があったからなのか。

投影的発問

・自分も，了海のような心の崇高さや偉大さを感じ取ったことはあるか。
・自分が実之助ならば，了海の姿から何を感じるかまとめてみよう。

批判的発問

・実之助は，仇討ちをやめて本当によかったのか。
・了海の心に触れることで変容した実之助をどう思うか。
・洞門の完成で，了海は自分の罪が消えたと思ったのか。

／上記の他の効果的な発問例／

・人間の心の美しさに触れたと感じたのはどんなときだったか。
・美しい心とはどういうものを言うのだろう。
・美しい心に触れたこと，感動したことを思い起こしてみよう。

／問題追求を生み出す授業構想の例／

1　**主題名**　心の美しさへの感動

2　**ねらい**　自分の罪に向き合い，よりよく生きようとする了海の心に感激した実之助を通して，美しい心に感動する心情を育てる。

3　**展開の概要**

主な発問と子どもの意識の流れ	配慮事項ほか
1．人間の心の美しさに触れた経験，感動した経験について話し合う。	◇具体的なエピソードを生かして問題を掘り起こす。
人間の心の美しさとはどういうものだろう。	
2．教材「青の洞門」を読み話し合う。 ①了海を見つけたとき，実之助はどんな気持ちだったか。……共感 ②実之助はなぜ了海を切らなかったのか。……分析 ❸共に手を取り合い，涙を流しながら，実之助はどんなことを考えたか。……共感 ・了海は，自分の罪を決して許さず，苦しみながら生きているんだ。 ・罪に向き合い，よりよく生きようとしている了海を切ることなんてできない。	◇９年もかけて追い続けてきたことなどから，実之助のもつ憎しみの深さを考えさせる。 ◇②～❸では，了海の心に触れて実之助の心がなぜ変容したか，どのように変容したかを考えさせる。そのことによって，了海の心の崇高さや，偉大さを感じられるようにする。
3．人間の心の美しさについてまとめる。 ④美しい心とはどういうものを言うのだろう。	
4．２人の登場人物の生き方から感じたことを書き込む。	◇各自の受け止めをもとに，自由にまとめさせる。

／授業展開の工夫と実際／

①まずは実之助に共感させ，実之助の心の変容を分析する

本時のねらいは，「美しい心に感動する心情を育てる」ことです。本教材で，美しい心に感動したのは実之助ですので，実之助の視点を中心に進めていきます。まずは仇討ちを果たそうとする実之助に共感させた上で，了海と共に洞門を掘っていくうちに，了海の心に触れることで変容した実之助の心を分析していくようにします。

②実之助への共感を通して，了海の（人間の）心の美しさを考える

実之助の心が変容したのは，了海の偉業によるものではありません。了海の「自分で自分を許さない心」「どんなによいことをしても決して自分の罪を消さない崇高な心，美しい心」に触れたから，実之助は共に手を取り合い，涙を流したと言えるのです。また，了海の心に感動した実之助の心も美しいものです。美しいもの，気高いものに触れ，人は感動を味わい，人生をより豊かなものにしていくことができます。

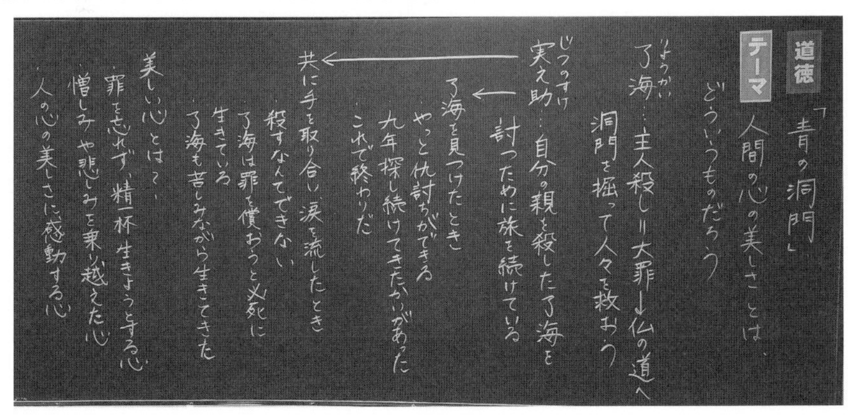

（鈴木　賢一）

【執筆者紹介】（執筆順）

永田　繁雄　東京学芸大学

根岸　陽月　東京学芸大学附属大泉小学校

幸阪　創平　東京学芸大学附属竹早小学校

箱﨑　由衣　東京学芸大学附属世田谷小学校

千田　怜花　福島県郡山市立橘小学校

後藤　和之　宮崎県延岡市教育委員会学校教育課

佐藤　淳一　東京都町田市立相原小学校

前田　良子　東京都小平市立小平第三小学校

杉本　　遼　東京都足立区立足立小学校

小杉　純平　東京都日野市立南平小学校

鈴木　賢一　愛知県弥富市立十四山東部小学校

古見　豪基　埼玉県和光市立第四小学校

遠藤　信幸　東京学芸大学附属小金井小学校

【編著者紹介】

永田　繁雄（ながた　しげお）

静岡県生まれ。東京都内小学校教諭，都内教育委員会指導主事を経て，平成14年１月から文部科学省初等中等教育局教育課程課教科調査官。

その後，平成21年４月より東京学芸大学教授。令和２年度より特任教授。令和５年度より同大学教授。

中央教育審議会道徳教育専門部会委員。「小学校学習指導要領解説 特別の教科 道徳編」作成協力者。NHK 道徳教育番組委員。

道徳科授業サポートBOOKS

多面的・多角的思考を促す　道徳教材発問大全集

2024年６月初版第１刷刊 ©編著者 永　田　繁　雄

発行者 藤　原　光　政

発行所 明治図書出版株式会社

http://www.meijitosho.co.jp

（企画）茅野　現（校正）中野真実

〒114-0023　東京都北区滝野川7-46-1

振替00160-5-151318　電話03（5907）6702

ご注文窓口　電話03（5907）6668

＊検印省略　組版所 長野印刷商工株式会社

Printed in Japan　ISBN978-4-18-254024-0